Erna Horn

Bayrische Kuchl

Alte bayrische Originalrezepte

Erna Horn

Bayrische Kuchl

Alte bayrische Originalrezepte

Bibliografische Information
Der Deutschen Bibliothek
Die Deutsche Bibliothek verzeichnet diese Publikation in der Deutschen Nationalbibliografie; detaillierte bibliografische Daten sind im Internet über http:/dnb.ddb.de abrufbar.

Sechste Auflage, Neuausgabe

BLV Buchverlag GmbH & Co. KG
80797 München

Zeichnungen: Cornelia von Seidlein, München
Umschlaggestaltung: Sabine Fuchs, fuchs-design, Ottobrunn
Umschlagfotos: Food collection/Stockfood
Zeichnungen: Cornelia von Seidlein, München

Printed in Germany · ISBN 978-3-8354-0343-7

Inhaltsverzeichnis

Altbayrische Mahlzeiten
9
Die richtige Supp'n
13
Ein gutes Fleischerl
21
Schweinernes
33
Aus dem Hennerstall
39
Aus Feld und Wald
47
Süße Beilagen zum Fleisch
53
Bayrische Wurstologie
57
Vom Felchen bis zum Steckerlfisch
63
Allerlei G'müas
69
Kraut und Ruam
77
Vielseitige Erdäpfel
83
Knödel – eine runde Sach'
89
Nockerln, Spätzle und andere Soßenschlucker
95

10 gute Soßen
103

Mehlspeisen zum Sattessen
107

Für ganz G'schleckerte
119

Aus alten bayrischen Kochbüchern
125

Die narrische Kuchl
127

Schmalzbachenes
133

Bayrische Topfenspezialitäten
143

Alte Gebildbrote
147

Semmel contra Brötchen
153

Selbstgebackenes Brot
155

Torten und Kuchen
161

Kleingebäck
169

Weihnachtsplatzl
175

Alte Maße
181

Küchengeräte von Anno dazumal
182

Rezepte-Übersicht
185

Vorwort

Ein Kochbuch ist wie ein verschlossenes Haus. Macht man Tür und Fensterläden auf – in unserem Fall solche mit roten Herzerln –, dann öffnet sich der Blick auf Zimmer und Kammern, auf die Speis, die Kuchl und den Eßtisch im Herrgottswinkel. Wärme, Behagen, Düfte und Bruzzelgeräusche dringen uns entgegen, und die ganze kulinarische Welt vom Kindbettbrot bis zum Hochzeitsbraten, vom Kikeriki-Schmarrn bis zur Geburtstagstorte lacht uns an.
Kochvergnügen wird lebendig und hier sogar noch bayrische Lebensart dazu. Sprache und Brauchtum, gereimte Eßfreude, Anekdoten, folkloristische Ausstattung, alles stimmt ein auf das, was in Tiegel und Pfanne, mit Walger und Scherrer, mit Topfen und Rahm kochen und köcheln soll, damit es auf gut bayrisch schmeckt.
Ohne Fremdenverkehr-Schmus, ohne Holdrio lebt Altbayern mit guten, echten Rezepten auf und will in eine schlichte, aber doch feinschmeckerische Küche führen. Nicht chinesisch, indonesisch oder sonst irgendwie snobistisch, nein bayrisch soll's sein!
Und durchschnittlich für 4 bis 5 Personen und auch für normale Leut' mit normalem Geldbeutel, aber mit einem guten G'spür fürs Feine wie fürs Einfachgute.
In München geboren, in Niederbayern und im Gebirg' aufgewachsen, immer schon der Culinaria verfallen, aus langer Erfahrung, mit liebender Feder festgehalten, präsentiert Ihnen hier die bayrische Kuchl

Erna Horn

Altbayrische Mahlzeiten

Sie waren in früheren Zeiten, dem werktätigen Lebensrhythmus entsprechend, natürlich anders als unsere Verpflegung von heute. Abhängig vom Licht begann und endete der Tag früher, so daß auch die Ernährung anders eingeteilt werden mußte.

Die erste Mahlzeit hieß »Vormess«, weil sie vor der Frühmesse, kurz nach dem Morgengrauen, eingenommen wurde. Sie bestand bei hoch und niedrig aus einer Art Mehlsuppe, oft auch aus einer Brennsuppe, auf der »niemand mehr gerne daherschwimmt«, weil es uns heute ja mit Kaffee und Eierweckerln, Butter, Honig und Marmelade wesentlich besser geht.

Ab etwa 10 Uhr begann das Frühmahl, die große Tagesmahlzeit, bei den Hochgeborenen im 15.–18. Jh. als »Panquet« mit einer Riesenzahl von Schüsseln zu jedem der 6 bis 8 Gänge. Aber auch die Bürger und »Bawren« haben recht ausgedehnt gegessen, natürlich nur in guten Zeiten und vor allem im Sommer und Herbst, wenn Feld und Garten reichlich ihre Gaben spendeten.

Die Nachmittagsmahlzeit hieß »Vesper«, wieder nach einem Gottesdienst benannt.

Das Abendessen war im allgemeinen klein und bescheiden und bestand nur aus Nebensächlichkeiten wie Brot und Käse mit einem Hypokras (Würzwein) als Schlaftrunk. Auf dem Lande gab es Milch und Milchprodukte.

Später allerdings ist im Bürgerhaus insofern ein Wandel eingetreten, als bis zum Ersten Weltkrieg das Mittagessen die bescheidenere Mahlzeit und dafür das Abendessen warm und üppiger war. Ein kaltes »Abendbrot« mit Betonung auf Brot, wie im Norden, war allgemein unbekannt. Mittags gab es, schon der guten Suppe wegen, zumeist gekochtes Rindfleisch in vielerlei Variationen und mit Gemüsen der Jahreszeit. So wurde es sogar bei Hof nicht anders gehalten. Am Abend wurde dann der Braten aufgetragen.
Das kann man natürlich nicht verallgemeinern, aber in den wohlhabenderen Kreisen, also bei Leuten, die eine gewisse Kochkultur und zudem eine Köchin hatten, galt dieses Gesetz. Zwei Kriege und im Gefolge davon Notzeiten haben alle diese Eßgewohnheiten natürlich abgebrochen, aber sie waren jedenfalls einmal ein Beweis dafür, daß die bayrische Küche einstmals gut und abwechslungsreich, traditionsgebunden und erfreulich gewesen ist.

Aber ein richtiger Bayer meint heute noch: Brotzeit ist die schönste Zeit!
Diese Tatsache ist wohlbekannt und hat die Brotzeit daher zu einem ebenso volkstümlichen wie kulinarischen Begriff gemacht. Sie ist auf dem Bau wie in der Werkstatt zuhause, erfrischt den Wanderer unterwegs wie die einkaufende Hausfrau und muß manchem Studenten das Mittagessen ersetzen. Man kann sie zeitlich über den ganzen Tag verteilen und auf einer Bank oder dem Kanapee, aus dem Rucksack oder im Wirtshaus genießen.
Die erste Brotzeit findet bereits um 9 Uhr statt, wenn eine mehr oder minder wohlverdiente Arbeitspause eingelegt wird. Von da ab kann dann stündlich eine weitere folgen; so zwischen 10 und 11 Uhr ist sie von ebenso klassischer Berechtigung wie zwischen 3 und 4 Uhr, was natürlich nicht heißt, daß vorher oder nachher etwa keine gute Zeit dafür wäre.
Der richtige Brotzeitmacher trinkt Bier. Fremdländisch-zuagroaste »Entartungen«, wie Fruchtsaftlimonaden, Coca-Cola und dergleichen finden vor allem bei der Jugend Anklang; die ältere und die ganz alte Generation wendet sich jedoch mit Grausen ab von solcher Verfälschung bayrisch-partikularistischer Brotzeit-Eigenart.

Zur Brotzeit gibt es passende Spezialitäten. Der übliche altbayrische Tagesfahrplan für günstige Brotzeitmomente dürfte ungefähr so aussehen:

9 Uhr:	Leberkäs mit Remischen Weckerln (Kümmelsemmeln aus Roggenmehl)
10–11 Uhr:	Weißwurst mit Senf und Brezen
11–12 Uhr:	Saures Nierndl mit Semmeln oder Tellerfleisch mit Kren (Meerrettich)
15–16 Uhr:	Schwarzer Preßsack mit Hausbrot; im Sommer auch ein Radi und Brezen
16–17 Uhr:	Pfälzer mit Senf oder warmer Leberkäs mit Mohnfitzerln (zwei zusammengebackene, mit Mohn bestreute Semmeln)

Vor dem Mittagessen heißt die Brotzeit »Frühschoppen« und kann auch von einem Glas Wein begleitet werden und sogar zur Hauptmahlzeit übergehen. Vor dem Abendessen nennt man sie »Dämmerschoppen«. Natürlich absolviert der einzelne »Eingeborene« nicht jede Brotzeit, aber er findet doch den ganzen Tag über genügend Gelegenheit dazu. Den sozusagen professionellen Brotzeitler entdeckt man da und dort, allein und gemütlich vor sich hinträumend oder in heftigem Disput mit seinem Spezi (Freund) oder gar nur mit einem zufälligen »Herrn Nachbar«, meist im stillen Winkel eines verräucherten Lokals.

Natürlich kann ein neuzeitlicher Schlenker einmal das alte Konzept lockern, aber man kehrt doch immer wieder gern zu den Gewohnheiten der Väter zurück, auch wenn das heute selbstbelächelnd Nostalgie genannt wird. Es ist halt doch was dran am Althergebrachten, auch wenn die Schar der echten Eingeborenen immer weniger und die der »Zuagroasten« immer größer wird. Aber es tröstet letztlich doch, daß auch die nördlichen Trachtenträger eines fernen Tages einheimisch und nicht mehr wegzukennen sein werden. Dann werden sie vielleicht auch begreifen, daß die gute, alte bayrische Küche besser war, als ihr Ruf, und daß das, was man gemeinhin als ihre »Schmankerl« bezeichnet, eigentlich ganz etwas anderes ist.

Ursprünglich Schmankel geschrieben und gesprochen, haben sie sich liebevoll in Schmankerl verwandelt. Es handelte sich dabei aber keineswegs um nur regionale Speisen wie Leberknödel oder Leberkäs, Knöcherlsulz, Weißwurst und dergleichen, sondern eben um etwas ganz Besonderes, Kleines, Feines. Um goldbraune Krusteln beispielsweise, wie sie sich beim Muskochen am Topfboden festkochen. Das sind dann die bekannten Ramerl, wie man sie auch beim Schmarrn, bei den Dampfnudeln, beim Kindskoch und bei anderen Mehlspeisen kennt, wenn sich aus Milch, Butter und Zucker ein braunkaramelisiertes, glänzendes Etwas zusammengeschmurgelt hat.

Das sind ethymologisch gesehen die richtigen Schmankerl, wie man dieses feine Bruzzelergebnis offiziell bezeichnete. Man findet sie als solche in alten Kochbüchern und auch auf den Menükarten des Königlich Bayrischen Hofes. Da heißt es etwa, lustig französisch-bayrisch gemischt, Crème aux Schmankerl oder Glace aux Schmankerl und gemeint war irgendeine zarte Creme oder Gefrorenes mit gerollten Ramerln obenauf, die man extra aus angebräuntem Mehlmus bereitet hatte.

Im übertragenen Sinn heutiger Kochpraxis entsprechend ist ein Schmankerl eine Kleinspeise, gewissermaßen ein Extra aus ausgewählten Zutaten, also keine Schüssel voll derber Spezialitäten. Man kann daher eine Schweinshax'n, Blutwürste oder Tellerfleisch, vom alten Sprachbegriff her gesehen, nicht als Schmankerl bezeichnen, auch wenn dies heute meist geschieht, weil diese Gerichte als typisch bayrisch gelten. Ein wirkliches, echtes Schmankerl ist, um einige Beispiele zu nennen, eine Gänse- oder Ruttenleber, ein gebackenes Brieserl, ein gefüllter Steinpilzkopf, ein geräuchertes Saiblingsfilet, eine frischgekochte Krone mit Kren, auch paniertes Ochsenmark auf Schwarzbrot und ähnliches mehr. Es gibt natürlich auch süße Schmankerl, so eine kalte, saftige Dampfnudel mit Honig bestrichen, ein Stück Apfel-Rahmstrudel mit einem schönen Ramerl, heiße Hollerküachl oder einen zarten Eierhaber mit Walderdbeeren. Beim wahren Schmankerl ist es also nicht die Kostbarkeit und nicht die Menge, sondern eben das Kleine, Besondere, Seltene.

Die richtige Supp'n

Zu Zeiten, als man noch ohne Vitamin- und Kalorienangst lebte, galt die Suppe in Bayern viel. Es mußte eine duftende, grüngesprenkelte Rindssuppe mit einer feinen Einlage, mit Knöderln oder Nockerln, Schöberln oder Spätzle sein. Und ihretwegen, damit die Grundlage dafür echt ist, hat man auch in Bayern früher, vom Handwerkerhaus bis zur königlichen Hoftafel, jeden Tag sein Siedfleisch gekocht. Wenn auch immer wieder ein anderes Stückl, aber stets um der guten Suppe wegen. Das gab einen lockenden Anfang, ein wärmendes, erfrischendes Versprechen auf weitere gute Dinge. Das ist keineswegs in Eile und nebenher gegangen, nein, man hat liebevoll Suppenkräutel, Zwiebel und Zwiebelschalen, Markknochen, Speckschwarten, einen Schinkenknochen, manchmal auch eine alte Henne ausgekocht, damit die Suppe ja viel Kraft und Saft bekommen hat. Und langsam hat man sie gekocht, mehr geköchelt, denn sie sollte klar bleiben und recht gut schmecken. Suppe war ja, seitdem es Töpfe gibt, neben dem Brei die Urnahrung und blieb lange die allgemeine Morgenspeise; daher spricht der Altbayer vielerorts auch heute noch von einer »Kaffeesupp'n« und schlägt damit eine sprachliche wie begriffliche Brücke in tiefste Vergangenheit.
Ein Teller echte bayrische Rindssuppe mit einer liebevoll gemachten Einlage oder eine würzige Brenn- oder Grieß-, Einlauf- oder Kräutelsupp'n ist also mehr als auch eine Speise, sie ist Tradition, Ouvertüre und altgerühmte Delikatesse.

Grießnockerlsuppe

Zart, flaumig und groß müssen die Nockerln, die Nachkommen der italienischen »gnocchi«, sein. Sicherlich haben sie uns die italienischen Maurer der Barockzeit, die in Bayern so viel Schönes gebaut haben, mitgebracht, neben dem »Lucki« (Luigi) und dem »Capo«, dem Polier. Die Nockerln müssen natürlich in einer guten Suppe schwimmen, umspielt von vielen Fettaugen und grünen Schnittlauchtupfen.
Man rührt für sie 1 guten Löffelstich Butter oder Butterschmalz und 2 Eier schaumig und gibt 80–100 g Grieß, Salz und ein wenig Muskat daran. Die Hauptsache ist jetzt, die Masse wenigstens 20 Minuten quellen zu lassen, sonst werden die Nockerln nicht locker und groß. Man sticht sie mit einem Kaffeelöffel aus der Masse und dreht sie in der nassen linken Handfläche schön länglich und glatt. Sie müssen ¼ Stunde langsam ziehen, also nicht heftig sprudelnd kochen.

Bratknöderlsuppe (sprich Braat)

Das Wort Brat stammt aus dem althochdeutschen Prat und bedeutet durchgearbeitetes, fein gehacktes Fleisch ohne Sehnen, Knochen und Knorpel. Aus Brat werden die bekannten Bratwürste gemacht, die also mit dem Vorgang des Bratens nichts zu tun haben. Schon im Jahr 1529 erwähnt die Münchner Fleischverordnung, daß »Pradtwurst allain von schweinem pret« gemacht sein muß. Meine Großmutter nannte die Bratknöderlsuppe auch »Faule-Köchin-Suppe«, weil sie so bequem zu machen ist.
Von frischen Bratwürsteln drückt man kleine, schussergroße (Schusser sind im Norden Murmeln) Kugeln aus der Haut gleich in die kochende Suppe und läßt die Knöderl dann einige Minuten garen.

Wer lang suppt,
lebt lang.

Hennenknödel in der Suppe

Hier ein ganz altes Rezept aus einem Kochbuch von 1720: An einen lockeren Knödelteig (8 Semmeln, gut ¼ l heiße Milch, Salz, Muskat, etwas Zwiebel, 2 Eier und ½ Eßlöffel Mehl) gibt man 250–300 g durchgedrehtes rohes Hühnerfleisch, reichlich Petersilie und Zitronenschale und formt kleine Knödel daraus. Dann kocht man sie in einer guten Fleischbrühe gar. Eine Festtagssuppe! Wenn die Knödel größer sind, kann man sie auch in einer weißen Soße zu Tisch bringen.

Backerbserlsuppe

Mit richtigen Erbsen haben diese Namensverwandten so wenig zu tun wie das als »Kohlrabi« bezeichnete edle Haupt des eingesessenen Münchners mit der wackeren Gartenfrucht. Sie sehen sich nur ähnlich.
Ein fester, zäh verschlagener Spätzleteig aus Mehl, Wasser (keine Milch, sie macht die Suppe trüb), Salz und genug Eiern sowie 1 Stück zerbröckelter Hefe (5–10 g) wird durch ein groblochiges Sieb in siedendes Schmalz getropft. Die goldbraunen Backerbserln kommen dann in eine gute Rindssuppe, die man gern zur Firmung, an Kirchweih oder wenn es eben sonst hoch hergeht, auftischt.

Gebackene Hirnknöpf

1 Kalbshirn wird sauber gewaschen und gehäutet. Man rührt ein hühnereigroßes Stück Butter schaumig und gibt das Hirn daran. Das Ganze wird völlig glatt gerührt und mit Salz und Muskat abgeschmeckt. Dann gibt man 2 Eier und 6–7 Eßlöffel Brösel dazu. Die Masse muß eine Weile quellen. Hierauf wird sie zu kleinen runden Knöpfen abgedreht, die in heißem Schmalz gebacken werden. Sie sind eine ausgezeichnete Suppeneinlage, ebenso eine feine Beilage zu Fleisch oder bilden mit Salat zusammen eine Vorspeise.

Hirnwürstelsuppe

1 Kalbshirn wird gebrüht und gereinigt. Man gibt 1–2 Eier, Petersilie, Zitronenschale, Salz, Pfeffer, Muskat und 1–2 Eßlöffel Brösel daran. Jetzt taucht man eckige Oblaten kurz einzeln in Wasser, bestreicht sie rasch mit der Hirnmasse, rollt sie auf und paniert sie. Sie werden in der Pfanne ringsum goldgelb gebacken und in die schon angerichtete Suppe gegeben, damit sie nicht verweichen.

Schöberlsuppe

Das gibt eine richtige Hochzeits- oder Primiz-Suppe, weil sie so nobel ist. (Wer's nicht weiß: Primiz ist die erste Messe eines neu geweihten katholischen Priesters; mit anschließendem großem Festessen, versteht sich.)
60 g Butter werden mit 3 Eidottern und 1 Prise Salz schaumig gerührt. Man gibt 1–2 Eßlöffel Milch, 80 g Mehl und zuletzt den steifen Eischnee daran. Die dicklich-schaumige Masse wird auf ein gefettetes Blech gegossen und bei mäßiger Hitze lichtgelb ausgebacken. Dann schneidet man kleine Rauten oder Karos daraus und gibt sie in die bereits angerichtete Suppe.
Nun aber bitte nur noch ein kurzes Tischgebet, sonst verweichen sie! Der angehende Kooperator aber hofft, daß die Pfarrer-Kathl bei dem Hochwürden, wo er seine erste Stelle antritt, auch so leckere Schöberl machen kann.

Leberschöberlsuppe

50–70 g Butter rührt man mit 3 Eidottern gut durch und gibt 150 g geschabte Rindsleber, 2–3 eingeweichte und gut ausgedrückte Semmeln, ein Stückchen sehr klein gewürfelten, kurz angebratenen Speck, etwas Petersilie, geriebene Zwiebel, Salz, Pfeffer, Majoran und zuletzt den Schnee von 2 Eiweiß daran. Diese Masse füllt man entweder in kleine, gefettete Schöberlformen oder streicht sie auf ein gefettetes Randblech und bäckt sie in der Röhre gar. Dann stürzt man die kleinen Schöberl aus der Form oder schneidet die große Teigmasse in kleine Karos oder Rauten und gibt sie in die angerichtete, gut abgeschmeckte Fleischbrühe.

Milz-Schöberl-Suppe

Ein schönes Stück Rindsmilz wird gut geklopft, damit sie sich leicht ausschaben läßt. An die weiche Masse gibt man dann Salz, Pfeffer, etwas Majoran oder Thymian, geriebene Zitronenschale, gehackte Zwiebel sowie 1 Ei. Sie muß gut gewürzt sein und wird dick auf dünne, gebutterte Weißbrotscheiben gestrichen. Diese werden auf einem Blech im Rohr kurz überbacken. Dann schneidet man sie in Würfel oder Rauten und gibt sie in die angerichtete Suppe, die noch mit Schnittlauch bestreut wird.

Leberknödelsuppe

Die auf Seite 91 beschriebenen Knödel werden etwas kleiner geformt und mit viel Schnittlauch in eine gute Rindssuppe gegeben.
A propos Leberknödel: In einem Altmünchner Wirtshaus findet um die Jahrhundertwende ein schnauzbärtiger, wohlbeleibter Dreiquartelprivatier – eine heute ausgestorbene Spezies Münchens – in seinem Leberknödel einen Faden, wahrscheinlich vom Mehlsack. Er schreit seiner Kellnerin: »Ja, Herrschaftseiten, Zenzi, da ist ja a Putzhadern drin!« Die Zenzi, nicht auf den Mund gefallen, erwidert: »Ja, meinen's vielleicht, mir können Eahna um a Zehnerl a seidene Mantillen einikochen?«
Zur Erklärung: Bestellte Dreiquartel waren großzügigerweise nahezu eine volle Maß Bier und ein kleiner Hausbesitzer mit kleiner Rente auch nur ein dreivierteIter Privatier. Putzhadern = Putzlumpen, Spüllappen. Mantille = kleiner Umhang, den die vornehme Damenwelt statt des heute gebräuchlichen Nerzcapes trug.

Fleischknöderl in der Suppe

250 g zweimal durch die Maschine gedrehtes helles Hackfleisch (Schweine- oder Kalbfleisch) wird mit Salz, Muskat, Pfeffer, Zitronenschale und etwas Macisblüte gewürzt und mit 2 Eiern sowie 1–2 Eßlöffeln Semmelbröseln sehr gut abgeknetet. Nach etwa 20 Minuten Quellzeit läßt man die daraus geformten Knöderl 10–15 Minuten leise ziehend in der Suppe gar werden.

Bachene-Knödel-Suppe

Die vorgenannten Fleischknöderl, etwas größer geformt, werden 8–10 Minuten in heißem Schmalz gebacken (bachen) und dann noch etwa 10 Minuten in der Suppe gekocht. Sie gehören in eine Festsuppe.

Eiergerstelsuppe

4–5 Eßlöffel Semmelbrösel verschlägt man mit 2 Eiern. Nach Belieben kann man auch etwas geschmolzene Butter darunter geben. Man gießt die Masse, die bröckelig rinnt, in kochende Fleischbrühe und läßt sie unter häufigem Umrühren aufkochen und dicker werden. Die Suppe wird mit Schnittlauch bestreut aufgetragen. Man kann unter die Brösel auch noch 1–2 Eßlöffel geriebenen Käs (Parmesan) und etwas Muskat geben.

Falsche Maurachensuppe

(Originalrezept aus »Die baierische Köchin in Böhmen«
von Anna Maria Neudecker, 1826)

Man nimmt etliche Hühnerlebern und Magen und schneidet sie roh mit Petersilienkraut klein zusammen. Dann rührt man sie mit einem Paar Eyern ab, gibt um 2 Kr. Semmelbröseln darein, etwas Salz und Muskatenblüthe. Von diesem Abgerührten werden hernach lauter kleine Maurachen oder Morcheln gemacht, jedes in einem ausgeklopften Ey umgekehrt, mit Semmelbröseln bestreuet, hernach in nicht zu heißem Schmalze gebacken, und in die Suppe gegeben. Man kann ordinäre Suppe oder etwas Jus daran geben, läßt es noch einmahl aufsieden, und gibt es zur Tafel.

Münchner Gründonnerstag-Suppe

Echte Münchner, die immer seltener, und auch »Zuagroaste«, die immer mehr werden und die infolgedessen eifrig Mimikry machen, damit man sie nicht gleich kennt, verspeisen als Auftakt der Osterwoche oder überhaupt zum Frühlingsbeginn eine schöne grüne Fasten- oder Kräutelsuppe. Der ganze Viktualienmarkt und alle Gemüsestandln sind grüngetupft von Kerbel- und Kressebündeln, Schnittlauch und Petersilie, den Grundlagen dieser traditionellen Suppe. Heutzutage spricht man von Vitaminen, weil man ja viel gescheiter geworden ist. Früher hat man sich ganz einfach auf das erste Grün gefreut und es ohne tiefe wissenschaftliche Erkenntnisse in einer Suppe symbolisiert. Das war volksnäher (und gesünder) als vielerlei Geschwätz, das in unseren Tagen halbverdaut die Runde macht.
Etwa 200 g Kräuter (Kresse, Kerbel, Sauerampfer) werden fein gehackt und zur Hälfte in eine helle Schwitze gegeben, die mit Wasser aufgegossen wurde. Man kocht die Kräuteln nur kurz und würzt mit Salz und Pfeffer und gibt den Rest der Kräutel sowie goldbraun gebackene Semmelwürfel hinein.

Fastensuppe mit Brezen

In eine Suppenschüssel schlägt man 1 Ei und gibt 3–4 kleingeschnittene Fastenbrezen (das sind blasse, dünn ausgedrehte Wasserbrezen) darauf. Dann gießt man kochendes Wasser oder mit etwas Augenblinzeln eine gute Fleischbrühe darüber. Die Suppe wird zuletzt noch mit geriebenem Käs (Parmesan) und Schnittlauch versehen.

Zwudelsuppe

Dies ist eine beliebte Fastensuppe. Man kann sie auf zweierlei Arten zubereiten, entweder mit Milch und süß oder mit Fleischbrühe. Dann nennt man sie Grimmiteigsupp'n (geriebene Teigsuppe).
10–12 Eßlöffel Mehl und 2 Eier werden mit etwas Salz mit den Händen gut verrieben oder nach kurzem Übertrocknen auf einem groben Reibeisen geribbelt, so daß ungleichmäßige Flocken (Zwudel) entstehen. Man gibt diese entweder in ¾ l kochende Milch und läßt sie darin gar werden. Die Suppe wird dann mit etwas brauner Butter und Salz, nach Belieben auch mit Zimt und Zucker abgeschmeckt. Die Zwudel können aber auch in eine Fleisch- oder Gemüsebrühe mit Suppenwürze eingekocht und dann mit Schnittlauch angerichtet werden.

Panadlsuppe

Wie schon aus dem so gemütlich bayrisch-österreichisch verhunzten Worte »panis« (lateinisch: Brot) zu entnehmen ist, handelt es sich um eine Weißbrotsuppe. In einzelnen Teilen Bayerns heißt sie auch Bähte Schniddelsuppe, also eine Suppe mit gebähten Weißbrotschnitten, gebäht (leicht geröstet) und mit kochender Bouillon (auf bayrisch Rindssuppe) übergossen. Man kocht sie kurz auf und bindet sie mit 1–2 Eiern und Rahm. Zum Schluß wird die dickliche Suppe noch mit Schnittlauch bestreut.

Biersuppe

Ein Stück trockenes Hausbrot reibt man auf und röstet es in etwas Butter durch. Man gießt 1 l dunkles Bier darauf und gibt etwas Zucker und fein geriebene Zitronenschale dazu. Das Ganze läßt man aufkochen. Die dann rasch servierte Suppe wird nach Belieben noch mit gerösteten Semmelwürfeln versehen.

Ein gutes Fleischerl

Der Verbrauch von Fleisch war immer schon den guten oder schlechten Zeitläufen angepaßt. Es gab welche, da kam höchstens zu den heiligen Zeiten, also Ostern, Pfingsten, Kirchweih und Weihnachten, was Fleischernes auf den Tisch, dann aber, vor allem in fruchtbaren Gegenden, mit Ausnahme der Fastentage und Fastenwochen beinahe täglich ein Stück Fleisch in Topf oder Pfanne. Es kam dabei natürlich ebenso auf den Geldbeutel wie auf die Gegend und die Jahreszeit an. Aber Bayern hat ja zumeist gute Böden, und so hatten die Hausfrauen Gelegenheit, lobenswerte Rezepte für diese Hauptspeise auszuprobieren.

Wie schon bei der Suppe erwähnt, ist das gekochte Rindfleisch in der bayrischen Küche seit altersher äußerst wichtig. Man hat es für alle Fälle gekocht; ob man es dann als Siedfleisch aufgetragen oder als Haschee, als Pfannkuchenfülle, als Salat oder sonstwie verwendet oder an Kostgänger verteilt hat, das war gleich, denn die Hauptsache war ja die gute Rindssuppe. Aber es gibt ja auch besonders feine Stücke darunter, die natürlich um ihrer selbst gekocht und verzehrt wurden und die es wert sind, auf der Zunge nachempfunden zu werden.

Münchner Kronfleisch

Man muß einen alten Münchner mit interessiertem Blick und zufriedener Miene vor einem saftigen Kronfleisch beobachtet haben, um zu verstehen, daß es sich da um etwas sehr Gutes handelt. Die Kron ist als zweites Frühstück, auf einem Holzteller mit Senf oder Meerrettich oder auch mit Essiggurke oder Roter Rübe und mit grobem Salz und Schnittlauch überstreut, wirklich eine Krone der Schmankerl. Es handelt sich um das Zwerchfellstück, das nach dem Kochen eine gekräuselte Krone bildet. Die dicke Mitte ist das beste, fleischigste Stück. Man kocht das Kronfleisch nur 10–20 Minuten, sonst wird es hart. Dann bringt man es recht heiß zu Tisch. Ich glaube, nur ein richtiger »G'wappelter« versteht sie wirklich genügend zu schätzen.

Beinfleisch

Das Beinfleisch ist eine schöne, weich gekochte Zwerchrippe, die in zweifingerbreite Streifen geschnitten ist und mit den Knochen auf die Platte kommt. Sie darf aber nicht von Evas Brautkuh stammen, sondern muß das Rippenstück von einem kernigen Mastochsen sein – genau wie in der Schöpfungsgeschichte. Über das Beinfleisch kommen ein wenig gute Fleischbrühe, reichlich Schnittlauch und 1 Prise Salz. Dazu gibt es Wirsing (altbayrisch: Wirsching) oder saure Kartoffeln. Natürlich kann man auch jedes andere Gemüse dazu servieren.

Tellerfleisch

Das Münchner Tellerfleisch ist etwas Urgemütliches, sozusagen »Grüabiges«. Es wird auf einem blank geputzten Ahornteller, natürlich ohne Tischtuch oder sonstige »Feintuerei« aufgetragen. Es muß ein schönes Stück gut aufgelaufenes und fett durchwachsenes Ochsenfleisch vom Vorderteil sein, das bißfest gekocht, also nicht zu weich ist. Man gibt auf den Teller noch je 1 Häuferl grobes Salz, Schnittlauch und Meerrettich und dazu 1 saure Gurke oder einige Radl Rote Rüben. Gleich daneben steht die dazugehörige »Halbe«. Und das Ganze gilt als zweites Frühstück.

Blanschiertes Rindfleisch

(Originalrezept aus »Baier'sches Kochbuch« von Anna Klara Messenbeck, Regensburg, etwa 1825)

Man nimmt ein großes Schwanzstück, schneidet Speck klein Finger dick, kehre ihn in Salz und gestossenem Gewürze um, ziehe ihn dort und da durch das Fleisch, salze das Fleisch, belege eine Reine mit Speck, und das Fleisch darauf, gebe Kuttelkraut, Lorbeerblätter, einen Zwiebel, 2 Zeherln Knoblauch, Sellerie, gelbe Rüben, Petersilwurzen, etliche Gewürznägerln, Pfeffer und Ingwer daran, schütte 3 gleiche Theile Essig, Wasser und Wein (daß es aber nicht gar über das Fleisch gehet) darauf, decke es zu, siede es weich, dann lege man das Fleisch auf eine Schüssel heraus, lasse die Soß braun werden, staube etwas Mehl daran, daß sie nicht zu dünn wird, rühre sie um, und wenn sie genug versotten ist, seihe man sie durch ein Sieb über das Fleisch, lasse es noch einmal aufsieden, und lege dann länglicht geschnittene Citronenschalen darauf.

Saure Soße zu Rindfleisch

1 Heringsmilchner wird gewaschen und mit etwas Senf, einigen Kapern, Salz und Pfeffer fein zerdrückt oder gemixt. Man gibt 2 gekochte Eidotter, Petersilie, Schnittlauch, Kresse, ein Stück fein gehackten Hering oder 2–3 zerdrückte Sardellen sowie etwas Essig und Zucker dazu. Die Soße soll raß (scharf) und halbdick sein und ist zum Teller- oder Beinfleisch grad recht.

Es gibt nix Besseres,
als was Guats.

Übergossenes Siedfleisch

Das ist ein ganz altes, lange schon vergessenes Rezept, das als ebenso gut wie einfach gelten kann. Man braucht dazu ein schönes Stück Ochsenbrust zum Sieden, das gut durchwachsen ist. Es wird langsam nur leicht simmernd (was heute Stufe 1 bedeutet) zartweich gekocht, wobei man nicht zuviel Brühe macht, die nur aus halb Wasser und halb Weißwein und etwas Salz besteht. Etwa 20 Minuten bevor das Fleisch gar ist, gibt man einen Teller voll ganz fein und gleichmäßig geschnittenes Grünzeug dazu, und zwar fingerlange, hauchdünne Späne von Sellerie und Gelben Rüben, dünne Radl von Lauch und Ringerl von Zwiebel. Wie gesagt, einen Teller voll. Man kann das Gemüse mit der Brotmaschine vorschneiden und dann die Scheiben nochmals querdurch aufspänen. Zum Anrichten wird das Fleisch schön tranchiert, mit etwas Weinbrühe übergossen und mit dem bunten Gemüse überdeckt.

Gekochter Wadschenkel

Der Wadschenkel ist ein besonders saftiges und meist auch preiswertes Stück Fleisch. Es hat nur den Nachteil, daß es sehr lang, etwa 3 Stunden, braucht, um zartweich zu werden. Aber Rindfleisch soll ja sowieso lange und nur leise kochen, um alle seine Aromastoffe und die saftigen Knorpelpartien freizugeben. Ein nur halb ausgekochtes Fleisch gibt auch nur zur Hälfte aus.
Also, den Wadschenkel setzt man in Salzwasser zu und köchelt ihn leise, nicht heftig sprudelnd, gar. Die letzten 20 Minuten erst fügt man das übliche Grünzeug hinzu. Das etwas dunklere, aber jetzt zartweiche und sehr »g'schmache« Fleisch wird aufgeschnitten und mit ein wenig Brühe und langen Meerrettichspänen übergossen und zuletzt noch mit Schnittlauch überstreut. Man serviert entweder Gemüse oder nur G'röste und süßsaure Beilagen wie Essigzwetschgen, Ingwerbirnen, trocken und mit Öl angemachten Ranen-(Rote-Rüben) Salat oder dergleichen pikante Sachen dazu.

Ochsenschwanz

Zum Gesottenen gehört auch der Ochsenschwanz, ein ganz besonderes Gustostückl, das heutzutage nur noch selten auf den Tisch kommt. Es braucht zwar lange Zeit zum Kochen, ergibt aber dafür eine »extrig« feine Speise.

Man kann sich den Ochsenschwanz beim Metzger schon in Glieder zerhacken lassen, dann geht er leichter in den Topf. Er wird langsam und leise etwa 3 Stunden in Salzwasser gekocht. Man kann ihn dann wie Siedfleisch mit Gemüse oder mit sauren Beilagen oder mit einer Krensoße auftragen oder mit einer nicht zu großen und ziemlich dunklen Einbrenne binden. Sie wird mit etwas Zucker gebräunt, damit die Soße nicht so schwer verdaulich wird. Dann würzt man mit der fetten Kochbrühe, mit Pfeffer, etwas Zimt, einem Hauch Nelken, Rotwein, saurem Rahm, ein wenig Zucker oder Preiselbeersaft, Zitronenschale, Majoran und etwas Koriander, Paprika und nötigenfalls noch mit Salz. Die schön dunkel glänzende Soße, mit etwas Suppenwürze kräftig nachgeschmeckt, soll ein Gemisch aus Süß und Scharf sein.

Ochsengaumen

Um Ochsenmaul und Ochsengaumen machen sich die Hausfrauen von heute keine Mühe mehr. Dabei sind dies besondere Stücke, viel interessanter als die ewigen Steaks und Schnitzel. Man bekommt Maul und Gaumen meist schon vorgekocht beim Metzger, muß sie heutzutage vermutlich aber vorbestellen. Man kocht diese Fleischteile nochmals ganz zartweich und schneidet sie dann, am besten nach dem Auskühlen, mit der Brotschneidemaschine hauchfein auf. Die dünnen Blätter, die nicht zu groß sein dürfen, werden nun liebevoll mit Essig und Öl, viel feinen Zwiebel- oder Chalottenringen, Salz, Pfeffer und etwas Zucker mariniert. Man kann sie auch mit Mayonnaise würzen oder jedenfalls damit garnieren. Zu diesem feinen Salat reicht man entweder G'röste und Essiggurken oder Butterbrezen und grünen Salat.

Geräucherte Ochsenzunge mit Portweinsoße

1 geräucherte Zunge wird langsam sehr schön weich gekocht; sie muß wirklich zart sein. Dann schält man sie und schneidet sie in Scheiben. Für die Soße macht man eine kleine gelbe Schwitze, gießt sie mit etwas Zungenwasser auf und schmeckt sie sehr pikant mit Salz, ein paar Tropfen Suppenwürze, 1 Weinglas Portwein und frischem Pfeffer aus der Mühle ab. Die Zunge wird auf angerichteten Kartoffelbrei gelegt. Die Soße serviert man gesondert. Dazu gibt es beliebiges Gemüse.

Dachauer Biflamod (Boeuf à la mode)

Ein schön durchwachsenes Stück Ochsenfleisch von der Brust wird mit wenig Essigwasser, das mit Salz und genügend Suppenwurzeln sowie Pfeffer- und Senfkörnern und 1 Lorbeerblatt versehen wurde, zartweich gekocht. Gleichzeitig bereitet man eine braune Einbrenne, die mit der Kochbrühe aufgegossen und mit etwas saurem Rahm und Rotwein abgeschmeckt wird. Man gibt Suppenwürze, ein wenig Zucker und Salz dazu und läßt das Fleisch noch eine Weile darin ziehen. Dann wird es in Scheiben geschnitten und mit einem Teil der Soße übergossen. Als Beilage eignen sich Semmel- oder Kartoffelknödel.

Nierenbraten

Neben dem Brust- und Schlegelbraten gehört der Nierenbraten auf jede ordentliche bayrische Speisenkarte. Er ist das Lieblingsgericht von alt und jung, und es gibt lange Gesichter, wenn er gestrichen ist. Aber Niere muß dran sein! Wenn es daheim einen Nierenbraten gibt, dann geht es hoch her, und die ganze Familie ist versammelt.

Das Nierenstück, wenigstens von 1 kg Gewicht, wird vom Gratknochen (dem Rückenwirbel) und der Niere befreit. Man salzt und pfeffert das Fleisch, legt die Niere in die Mitte, rollt den Braten, der anschließend gebunden wird. Man kann nach Belieben auch eine grüne Farce aus geschmorten, gehackten Zwiebeln, Zitronenschale, viel Petersilie, Kräuteln, Semmelbröseln, Ei, Salz und Paprika oder mit viel gehackter Zwiebel geschmorten Champignons und Petersilie um die Niere geben. Dann wird der Braten mit Fett langsam durchgegart und öfter mit Soße übergossen. Die Soße, mit Zitronensaft oder Weißwein abgeschmeckt und mit Butter verlängert, soll hell und klar sein.

Gefüllte Kalbsbrust

Die Kathi, von Beruf »Stallpflegerin«, mit ihrem strohblonden Knödel auf dem Hinterkopf, mit züchtigem Blick und oben recht weit ausladender Figur, wird von der bösen Dorfjugend genau so benannt wie dieses bayrische Leibgericht. Und sie ist stolz darauf, die Kathi, denn eine gefüllte Kalbsbrust ist ja schließlich auch etwas sehr Begehrenswertes. Im tatsächlichen und im übertragenen Sinn, wie die Titelblätter der illustrierten Zeitschriften beweisen.
Die Herstellung dieses Festbratens ist der einheimischen Hausfrau wohlbekannt: 1 schöne Kalbsbrust wird von den Rippen und dem Gratknochen befreit und so untergriffen, daß eine auf drei Seiten geschlossene Tasche entsteht. Nun rührt man ein Stückchen Butter schaumig, gibt je nach Größe der Brust 1–2 Eier, etwas geriebene Zitronenschale und Zwiebel, reichlich fein gehackte Petersilie oder Kerbel, Salz, Pfeffer, Muskat, etwas Suppenwürze und 2–3 in Milch geweichte und gut ausgedrückte Semmeln dazu. Man kann auch 2–3 Eßlöffel geriebene oder grob gehackte Mandeln, Haselnüsse oder Erdnüsse darunter geben. Eine andere Fülle nach Erlanger Art besteht aus 50 g gerührter Butter, 2 Eiern, 2–3 Eßlöffeln gehackter Zwiebel, Zitronenschale, 3–4 Eßlöffeln gehackten Kräutern, Salz, Muskat, 1 geriebenem sauren Apfel, etwas geriebenem Meerrettich und Bröseln. Die Masse wird sehr gut vermengt und nicht zu stramm in die Brust gefüllt. Man näht oder steckt sie zu und brät sie dann auf den Rippenknochen liegend, die wie ein Rost wirken, unter häufigem Begießen schön goldbraun. Die Soße wird mit einem Stückchen Butter verlängert. Zum Servieren schneidet man die Brust in nicht zu dünne Scheiben.

Gebackene Kalbsbrust

Ein Stück Kalbsbrust wird in Salzwasser mit viel Wurzelwerk zart weich gekocht und in zweifingerbreite Streifen geschnitten. Man wendet sie in Mehl, Ei und Brösel und bäckt sie dann doppelseitig goldbraun. Mit Zitronenschnitzen und Petersilie angerichtet, wird dieses zarte Fleischerl von saftigem Kartoffel- und grünem Salat begleitet.

Gedämpfte Kalbsvögerl

Kalbsvögerl sind keine Rouladen, wie oft irrtümlich angenommen wird, sondern ausgelöste Muskelstücke aus der Kalbshaxe. Sie werden gut mit Räucherspeck gespickt, mit Salz und Pfeffer bestreut und mit 1 in Scheiben geschnittenen Zwiebel, Petersilie und etwas Essig in einem kleinen Topf 1–2 Tage unter häufigem Wenden gebeizt. Dann gibt man sie abgetropft in reichlich erhitzte Butter und läßt sie zugedeckt etwa ½ Stunde dünsten. Man bestreut sie hierauf dünn mit Mehl, läßt sie bräunen, gießt etwas Beize auf, fügt 2–3 dünn geschnittene Zitronenstücke dazu und läßt die Vögerl nun zart gar werden. Sie kommen mit ihrer kleinen Soße, die ganz natur bleibt, und mit Zitronenscheiben zu Tisch. Als Beilage serviert man Reis.

Kalbshaxe

Wer noch keine Kalbshaxe, goldbraun, zart, ein wenig klebrig und saftig, gegessen hat, der kann gar nicht mitreden. Aber sie muß gerade richtig zwischen resch und weich sein und sich leicht vom Knochen ablösen lassen. Wie gut, daß Esau noch keine Kalbshaxe kannte, sonst hätte sie womöglich denselben schlechten Ruf wie sein bekanntes Linsengericht, denn ein Erstgeburtsrecht ist sie schon wert.

Die Kalbshaxe (möglichst eine hintere, dicke) wird dressiert, das heißt, man näht um den Gelenkknochen die zwei Fleischlappen zusammen, damit sich das Fleisch nach dem Braten nicht so häßlich auf beiden Seiten der Haxe vom Knochen zurückzieht. Dann kocht man sie in Salzwasser mit reichlich Suppengrün, 1 Lorbeerblatt und etwas Zitronenschale nahezu weich, tropft sie ab und bestreicht sie mit einem verschlagenen Ei. Die Haxe wird hierauf ringsum mit Böseln bestreut, die man leicht andrückt, und dann mit genügend Fett goldbraun gebraten. Dazu gibt es Kartoffel- oder gemischten Salat. Auf die Platte legt man als Garnitur 1 Büscherl Petersilie und Zitronenschnitze.

Abbräunte Kalbsfüß

4–6 schon vom Metzger seitlich eingespaltene, sauber geputzte Kalbsfüße werden in Salzwasser mit Suppenwurzeln so zartweich gekocht, daß man das Fleisch in großen Stücken wegdrücken kann. Man wälzt sie in Mehl, Ei und Brösel und bäckt die Kalbsfüße in genügend Fett ringsum goldgelb. Dazu gibt es eine Salatplatte.

Rahmgulasch

Das ist eine zahme Abart des ungarischen Gulaschs, denn der Bayer ist mehr gemütlich als feurig. Er mag schon Würze, um entsprechend Durst zu bekommen, will aber auch nicht gleich beim Hausdach hinausfahren vor lauter Schärfe. Sein »Hauskreuz« (sein Eheweib also) macht ihm daher das Gulasch zarter.

500 g Kalbfleisch schneidet sie in gleichmäßige Stückchen. Gleichzeitig läßt sie 3 große, aufgeschnittene Zwiebeln in etwas Fett anbräunen und gibt die Fleischstücke sowie 1/2 Kaffeelöffel Rosenpaprika und 1 Schöpflöffel Wasser dazu. Das Gulasch wird zugedeckt halbweich geschmort, dann mit etwas Essig oder Zitronensaft und reichlich saurem Rahm aufgegossen und mit 1 kleinen Prise Zucker, Salz und nochmals mit 1–2 Kaffeelöffeln mildem Delikateßpaprika abgeschmeckt. Es werden Semmelknödel oder Spätzle dazu gereicht.

Eingemachtes Kalbfleisch

Das ist eine Art Frikassee. Man nimmt 1 ausgelöste Kalbsschulter und dünstet sie mit gehackter Zwiebel in wenig Fett kurz an. Man kann das Fleisch im Ganzen lassen oder schon gleich in grobe Würfel schneiden. Damit es weiß bleibt, gießt man bald etwas Weißwein und Wasser daran. Dann staubt man die Soße mit etwas Mehl oder macht eine kleine weiße Butterschwitze, schmeckt sie mit Salz, Zitronensaft, Rahm und Petersilie ab und legt das (in Scheiben geschnittene) Fleisch hinein. Als Beilage gibt es breite Nudeln, Reis oder Spätzle.

Gespicktes Kalbsherz

1 großes oder 2 kleinere Kalbsherzen werden mit in Salz und Pfeffer umgedrehten Steckstreifen dicht abgespickt, dann leicht bemehlt und in heißem Fett ringsum angebraten. Man gibt reichlich klein gehackte Zwiebel und Suppengrün dazu und gießt während der Bratzeit langsam auf. Die Soße wird mit saurem Rahm abgeschmeckt; nach Belieben kann man noch etliche Kapern hineingeben. Nach ³/₄ Stunden ist das Herz gar. Es wird in dicke Scheiben geschnitten und mit der Soße angerichtet. Man reicht »G'röste« (Bratkartoffeln) und Salate dazu.

Gebackener Kalbskopf

Ein halber, schon beim Metzger vorbereiteter Kalbskopf wird in Salzwasser mit 1 Lorbeerblatt, reichlich Wurzeln, Zwiebel, Pfefferkörnern und etwas Essig sehr zartweich gekocht. Man nimmt das Fleisch sorgfältig ab und drückt es in eine Kastenform. Nach dem Erkalten läßt sich dieser gesulzte Block stürzen und in Scheiben schneiden. Sie werden mit Mehl, Ei und Brösel paniert und goldbraun gebacken. Dazu gibt man Kartoffel- und Gurkensalat.

Saures Lüngerl (Voressen)

Das ist das typische Eingangsgericht bei einer richtigen Bauernhochzeit. Dazu werden ein Stück Kalbslunge und 1 Kalbsherz in Salzwasser mit reichlich Gewürzkörnern, Grünzeug und Essig etwa 20 Minuten gekocht. Man läßt das Fleisch abtropfen und schneidet es in feine Streifchen. Am besten läßt man es 1–2 Tage in dem Sud liegen. Dann schmort man 1 Eßlöffel Mehl in 2 Eßlöffeln Fett gelblich und gießt mit etwas Kochbrühe auf. Man gibt das Fleisch, Essig, etwas Zucker, 1 Lorbeerblatt und sauren Rahm dazu und kocht es noch gut durch. Mit wenig Pfeffer gewürzt, wird das süßsauer schmeckende Lüngerl mit Semmelknödeln serviert.

Gebratene Kalbsniere

1 Kalbsniere wird vom äußersten Fettkranz befreit, in Scheiben geschnitten und mit Salz und Pfeffer oder etwas Curry bestreut. Man brät sie in Butter kurz durch und legt sie auf eine heiße Platte. Im heißen Bratfett schmort man aufgeschnittene Steinpilze oder Champignons an, gießt etwas Rahm dazu und würzt mit wenig Knoblauchpulver und viel Petersilie. Man gibt noch ein Stück Butter dazu und gießt die noch leicht nachgesalzene Soße über die Niere.

Kalbsbries im Schlafrock

1 gekochtes, gereinigtes Bries (Milchner) wird in Scheiben geschnitten. In eine Pfanne mit heißer Butter kommen ½ gehackte Zwiebel, etwas gewiegter Schinkenspeck und reichlich Petersilie. Wenn die Masse hell und glasig durchgedünstet ist, schiebt man sie an den Rand der Pfanne und gibt nochmals Butter und das gesalzene, leicht gepfefferte Bries hinein. Es wird kurz durchgegart, mit der Zwiebelfarce umgeben und auf ausgewalgte Stücke von Blätterteig gelegt. Man bestreicht die Ränder mit Eiweiß, verschließt die Taschen gut, bepinselt sie mit Eidotter und bäckt sie bei guter Hitze 25–30 Minuten.

Gebackenes Kitz

Das kleine, 6–8 Pfund schwere Kitz (Lämmchen) wird wie das Spanfakel (siehe Seite 34) gebraten und nach Belieben mit einer Semmelfülle versehen. – Das ist letzten Endes noch besser als ein Holzspan. – In diese Fülle gibt man die Kitzleber, das gekochte Herzerl und viele Kräutel, nach Belieben auch noch 2-3 Eßlöffel geriebene Mandeln oder Erdnüsse. Die Soße wird mit Zitronensaft oder Weißwein und reichlich Butter abgeschmeckt.

Fränkischer Lammbraten

1 Lammschlegel wird mit Senf eingerieben, mit Öl beträufelt und über Nacht kalt gestellt. Dann wischt man die Marinade ab, salzt und pfeffert das Fleisch und reibt es mit gehackten Pfefferminzblättern ein. Es wird in genug heißem Fett angebraten, dann kommen Zwiebel, Grünzeug und etliche Speckwürfel dazu, wobei man die langsam aufgegossene Soße immer wieder über den Braten gießt. Die Soße wird mit zerriebenem Thymian, etwas Knoblauch und ganz zuletzt noch mit frischen, fein gehackten Pfefferminzblättern, etwas herbem Rotwein und Suppenwürze nachgeschmeckt. Man kann auch noch etwas Buttermilch daran geben. Dazu passen Spätzle und grüne Bohnen.

Lammfleisch mit Holledauer Hopfensprossen

Etwa ¾ kg Lammfleisch von der Brust wird in kleine Stücke geschnitten, gesalzen und in reichlich Butter mit viel Petersilie angedünstet. Man stäubt etwas Mehl darüber, rührt gut durch und gießt mit Rindssuppe auf. Daran gibt man eine mit 2 Nelken gespickte Zwiebel und 2 Zitronenscheiben, Salz und ganz wenig Pfeffer. Das Fleisch wird zugedeckt weich gedünstet und dann mit einem Teller gebrühter Hopfensprossen vermischt. Man läßt alles noch einmal gut durchdünsten und zieht zuletzt die Soße noch mit 1–2 Eidottern ab.

Schweinernes

Die in Stadt und Land einst selbstgemästete Sau war die Hauptquelle aller »fleischlichen« Freuden, denn andere Fleischsorten mit Ausnahme der eigenen Mistkratzer waren teuer und rar. Deshalb hat man das gute Hausschwein (sus domestica), angefangen vom Spanfakel über den Braten, die Würst' und den Speck, den Schinken und die Grammeln, das Fett, die Borsten für die Pinsel, die Schweinsblasen zum Zubinden des Eingemachten bis zum kostbaren Leder überaus geschätzt. Das G'selchte wie das Surfleisch haben den Dauervorrat ergeben und zumindest das Sonntagskraut verfeinert.

So ist es also kein Wunder, daß die Sau immer schon eine bedeutende Rolle im Alltag, aber auch in der Sprache spielte. Alles, was besonders betont werden soll, ist »saumäßig«, und man fühlt sich »sauwohl«.

Die Sau ist dauernde Sparkasse, froh erwarteter Freudenspender, rechtzeitiger Fettlieferant, grunzender Hausgenosse und lobenswerter Restefresser. Sie füllt Speisekammer und Schüssel und ist vom Karneval bis Ostern und von Kirchweih bis zu den Mettenwürsten und sogar noch als silvesterliches Glückssymbol Begleiter durchs ganze Jahr. Soll man sich da bei soviel Gegenwärtigkeit nicht wirklich »sauwohl« fühlen?

Spanfakel

So nennt man ein noch kleines Saugferkel von höchstens 5 Wochen. Es gibt einen prächtigen Braten für richtige Tarocker oder für einen Firmling, für einen Herrenabend oder ein Familienfest. So eine knusprige Spanfakelhaut ist es allein schon wert, ein derartiges Fest zu veranstalten.

Beim Spanfakel fallen mir die drei Wünsche eines alten Jagdspezi meines Vaters ein; der wackre Nimrod ruht schon an die 50 Jahre in Gottes Frieden. Sie waren: Zum ersten eine feurige Tscherkessin, zum zweiten ein Quadratmeter resche Spanfakelhaut und zum dritten – mit einem Blick auf seinen Freund, den Stadtpfarrer – eine selige Sterbestund'.

Requiescat in pace!

Der sauber geputzte, wohlrasierte, etwa 10–12pfündige Braten wird innen gesalzen und gepfeffert, außen nur gesalzen, mit Butter beträufelt, mit Semmelbröseln bestreut und mit einem langen Span durch den ganzen Körper versehen, damit er eine geziemende Haltung bewahrt. Sind eine entsprechende Bratreine und ein genügend langes Backrohr vorhanden, so wird der Festbraten selber gemacht, andernfalls übernimmt es ein freundlicher Bäcker in der Nachbarschaft, die sachgemäße, knusprige Bräunung zu erzielen. Bei Tisch gibt man gemischten Salat dazu.

Nürnberger Schweinshaxe

1–2 schwere Schweinshaxen werden mit reichlich Suppengrün, Zwiebel, Lorbeerblatt, Wacholderbeeren, Salz und etlichen Pfefferkörnern langsam weich gekocht. Dann nimmt man die Haxen aus dem Sud heraus, tropft sie ab und läßt sie in einer gefetteten Reine goldbraun braten. Zwischendurch begießt man sie immer wieder mit etwas Bier, damit sie eine schöne braune Kruste bekommen. Der Bratensatz wird ganz leicht mit ein wenig Kartoffelmehl gebunden und mit einem Spritzer Zitronensaft abgeschmeckt. Man reicht beliebiges Gemüse oder Sauerkraut dazu.

Münchner Schweinshaxe

1–2 Schweinshaxen werden in Essig-Salzwasser gut weich gekocht. Dann bereitet man eine gelbe Einbrenne, gießt sie mit der Kochbrühe auf und schmeckt sie kräftig mit Salz, ein wenig Zucker, reichlich klein gehackten Essiggurken, 1 Kaffeelöffel Senf und gehackten Kräuteln süßsauer ab. Man löst die Knochen aus, schneidet die Haxen in Scheiben und richtet diese auf einem Reisberg an. Zuletzt übergießt man alles mit der Soße.

Saure Schweinshaxln in Gemüse

3–4 Schweinshaxln (vom Knie) werden vom Knochen befreit. Während sie in Salzwasser mit viel Suppengrün und Zwiebel kochen, schneidet man einen Teller voll Gemüse (Gelbe Rüben, Sellerie, Lauch, Erbsen oder Bohnen, Weißkraut usw.) und gibt es mit Salz, etwas Essig und 1 Lorbeerblatt zu den Haxln. Man fügt einen Teller voll klein gewürfelte rohe Kartoffeln dazu und läßt alles zusammen zart gar kochen. Dann werden die Haxln aufgeschnitten und mit viel Petersilie und anderen Kräuteln angerichtet. Man kann noch mit 1/2 Glas herbem Weißwein nachwürzen.

Gemeiner Schweinsbraten

(Originalrezept aus »Bayerisches Kochbuch«, 1800)

Man salzet denselben, und legt ihn drey Tage in Essig, darauf dünstet man ihn in Essig, mit Zwiebeln, und Petersilgrün, läßt Butter in einem Kasserol heiß werden, nimmt ihn aus dem Essig, legt ihn in den Butter, und läßt ihn eine Weile darinnen braten, daß er schön bräunlicht wird, gießet den Essig, wenn er nicht zu viel ist, in das Kasserol und läßt ihn ein wenig aufsieden, so richtet man ihn an.

Fränkische Schweinskoteletts

Gebratene oder gegrillte Koteletts werden auf eine Platte gelegt. Darauf setzt man je ½ geschälten und entkernten, in Weißwein gedünsteten Apfel und türmt geriebenen Meerrettich darüber, der mit Semmelbröseln und dickem Rahm vermischt wurde. Man kann den Meerrettich, geriebenen Apfel und die Brösel auch gleich mischen und in einem auf die Koteletts geben.

Jägerschnitzel

Sie müssen es an Größe und Mächtigkeit den geschossenen Sechzehnendern gleichtun. Im übrigen müssen sie in einer grünen »Kluft« stecken.
Ob man schöne Schweinsschnitzel oder solche vom Reh oder Hirsch nimmt, bleibt sich gleich. Sie werden gesalzen, gepfeffert und in genügend Fett gebraten. Inzwischen hackt man reichlich Zwiebel, Kräutel und etwas Zitronenschale und schmort das Gemenge in Butter durch. Man schmeckt es mit Salz und Paprika ab, mischt es mit geriebenem Meerrettich und nochmals mit frischem Grün und türmt es auf die Schnitzel, die auf gedünsteten Steinpilzen oder Reherln angerichtet werden.

Leberkrone

Ein geschlossenes Stück Schweinsleber (es kann auch Kalbsleber sein) von etwa ¾ kg Gewicht wird von oben her der Länge nach 5–6 mal tief eingeschnitten. Man gibt Pfeffer, Salz und Paprika hinein und füllt die Spalten mit dünnen Speck- oder Schinken- sowie geschälten Apfelscheiben. Das Leberstück wird leicht gebunden, damit es Form hält, auch außen gesalzen und unter Begießen im Rohr etwa 35 Minuten bei guter Hitze gebraten. Beim Aufschneiden sehen die Scheiben wie Kronen aus. Dazu gibt man braune Butter und zartes Gemüse.

Das Wammerl

Wie entsteht ein Wammerl? Es ist das fettdurchzogene, rosige Bauchstück vom Schwein. Es kann frisch, gesurt (gepökelt) oder auch geräuchert sein und in Sauerkraut oder in gut mit bayrischem Senf süßsauer abgeschmeckten Linsen schwimmen. Als Beilage fungieren Semmelknödel oder Kartoffelpüree.

Gefüllte Wammerlrollen

Ein Stück Wammerl wird in Salzwasser mit viel Wurzelzeug weich gekocht und in dünne Scheiben geschnitten. Man drückt nun gekochtes Sauerkraut gut aus und mischt 1 gehackte, gedünstete Zwiebel, 2 Kaffeelöffel Paprika oder 2-3 gehackte Stücke roten Paprika in Essig, 1/2 geriebenen Apfel, Senf und etliche Kapern darunter. Damit füllt man die Wammerlscheiben, bindet oder steckt sie zusammen, mehlt sie leicht und brät sie bei guter Hitze rasch ringsum goldbraun.

Saures Schweinefleisch

Hierzu kann man auch ein sehr fettes Stück verwenden, denn die saure Zubereitungsart gleicht das aus. Ein schönes Wammerl (Bauchfleisch) wird mit genug Kartoffelwürfeln und Gelbe Rüben-Radeln, mit einem Stückl Sellerie, etlichen Petersiliewurzeln und reichlich Grün, Wasser und Essig aufgesetzt. Man würzt mit Salz, Kümmel und 1–2 aufgeschnittenen Zwiebeln und kocht das suppige Gericht gut weich. Es wird mit viel frischem Grün nachgeschmeckt und soll herzhaft sauer sein. Wer es liebt, gibt noch eine gute Portion bayrischen Senf dazu. Das Fleisch wird aufgeschnitten obenauf gelegt.
Man kann auch eine helle Einbrenne machen, diese pikant mit Essig, Senf und etwas Zucker abschmecken und dann das gekochte Schweinefleisch noch eine Weile darin ziehen lassen.

Paniertes Wammerl

Wem das Wammerl zu fett ist, der sollte es einmal so probieren: Das rohe Wammerl in Scheiben schneiden und sehr stark klopfen, so daß die Stücke fast nochmal so groß werden. Jetzt mit Senf bestreichen, salzen, mehlen und in Ei und Brösel wälzen. Die Brösel fest andrücken. Nun werden die Scheiben schnell in sehr heißem Fett auf beiden Seiten recht resch und goldgelb gebraten. Sie müssen beim Beißen richtig krachen, dann sind sie nicht nur eine Freude, sondern auch leichter verträglich.

Knöcherlsulz

Die 4 Schweinsfüßl, der Rüssel und die Ohren werden sehr sauber geputzt, in Stücke gehackt und in Salzwasser mit Essigzusatz halbweich gekocht. Dann fügt man 1 Lorbeerblatt, etliche Pfefferkörner, Nelken und etwas Zitronenschale, viel Zwiebel und Grünzeug hinzu und kocht das Fleisch ganz weich. Das Wasser darf nur köcheln, nicht wallen, sonst wird die Sulz trüb. Man schneidet das sich leicht lösende Fleisch in grobe Würfel oder Streifen, siebt die Brühe ab und versucht, ob sie Stand genug hat. Wenn nicht, kocht man sie noch weiterhin leise ziehend ein. Dann entfettet man sie, macht sie gut essigsauer und gießt sie über das Fleisch, das man in kleine Formen oder in Suppenteller legt. Man kann die Sulz mit Eischeiben, Essiggurken und Petersilie garnieren. Als Beilage gibt es schöne G'röste (Bratkartoffeln) und Salat, natürlich auch süßen Senf.

Aus dem Hennerstall

Die echten Mistkratzer sind dem Silogeflügel aus den Drahtkäfigen vorzuziehen, selbst wenn man sie selber rupfen und vorbereiten muß. Sie schmecken einfach ganz anders, aromatischer und saftiger. Wenn's aber nicht sein kann, dann muß man eben durch ein bewußtes Würzen oder Füllen das »Fadsein« ausgleichen.

Bayrische Hühnerställe halten über die Hendl hinaus noch allerhand weitere Gustostückerl bereit: Da gibt es die fetten Gäns' und Enten, den großen Indian, auch Bibgockel oder Truthahn genannt, und als Besonderheit die Perlhühner. Sie sind ein Zwischending von Wildvogel und häuslichem Festbraten und werden daher auch meist wildartig zubereitet. Und darüber schweben allerorts die Tauben, von reinem Weiß über buntscheckig bis zum samtenen Braun anzusehen. Oft haben sie besonders schöne, auf hohen Säulen thronende Häuser, ähnlich kleinen Villen, farbschön und reich verziert. Nach alter Tradition gehören sie in die Mitte großer Viereckhöfe. Die Tauben selber aber müssen jung sein, sonst sind sie kein Vergnügen.

Wenn man dann auch noch Erfahrung hat, zwischen zarten Giggerln und alten Suppenhennen zu unterscheiden, so kann man schon allerhand Abwechslung bieten.

Gefülltes Sonntagshendl

1 fleischiges Brathendl wird mit Salz und Pfeffer eingerieben. Dann verrührt man ein Stückchen Butter mit 2 Eiern und gibt reichlich gehackte Petersilie, das zerkleinerte Herz, Leber und Magen des Huhns, 30–50 g frische, gehackte Champignons oder 1 Packerl vorgeweichte Trockenpilze, 1–2 Eßlöffel fein gewiegten Schinken, 1 Eßlöffel geriebenen Käs, 1 Gläschen Weinbrand, Salz, Pfeffer, etwas Rosmarin und Suppenwürze daran. Die Fülle wird mit wenig Bröseln gebunden und in das Huhn gegeben; man legt noch 1 Sträußerl Rosmarin dazu, steckt oder näht die Öffnung zu und brät nun das gebundene Huhn mit reichlich Butter goldbraun. Es wird dabei häufig mit Soße übergossen. Man bringt es mit Zitronenschnitzen und einer Salatplatte zu Tisch.

Hendl nach Försterart

1 großes Brathendl wird geviertelt und dabei von möglichst vielen Knochen befreit. Das Fleisch wird gesalzen, mit Rosmarin bestreut und in Butter rasch gebraten. Dann staubt man es mit wenig Mehl, gießt etwas auf und gibt gebrühte, abgetropfte Reherl (Pfifferlinge) hinein. Wenn sie kurz durchgedünstet sind, zieht man den Topf vom Feuer, legiert die Soße mit 1–2 Eiern und saurem Rahm und schmeckt sie mit wenig Zitronensaft oder Weißwein und Petersilie ab. Dazu gibt es körnigen Reis.

Backhendl im Schlafrock

Das ist eine ganz besonders feine Sache, wie sie Frau Kommerzienrat S. sehr geschätzt hat. Ihre alte Mathild hat sie auch ausgezeichnet gemacht, und mir sind sie eine liebe Erinnerung.
Tags vorher werden 2 Brathendl wie üblich in Butter goldbraun gebraten. Man schneidet aus Brust und Schenkeln je 4 etwa zweifingerbreit und gut fingerlange Stücke, reibt sie mit Salz, Pfeffer und etwas Muskat ein und rührt dann aus

½ Eßlöffel Butter, ⅛ l Milch, Salz und 80 g Mehl kochend einen Brandteig, bis sich die Masse um den Löffel ballt. Darunter rührt man erst 1 Ei, dann ein zweites und bestreicht damit die Hendeltranchen. Man legt sie nebeneinander in eine gut gebutterte Form, streut geriebenen Käs darauf und bäckt das zarte Fleischerl bei guter Hitze im Rohr goldbraun. Dazu passen Spargel, Erbserln, Champignons oder eine andere Feinsorte von Gemüse.
Das restliche Fleisch wird abgelöst und gibt einen guten Risotto.

Gansbraten mit Maronifülle und Topfenpolsterln

1 ansehnliche Gans wird innen gesalzen und gepfeffert und mit einem Gemisch aus etwa 300 g gerösteten und geschälten Maroni und 1–2 gewürfelten Äpfeln sowie Petersilie gefüllt. Man steckt sie zu und brät sie wie immer schön resch und goldbraun. Beim Tranchieren nimmt man die Fülle heraus, gibt sie auf eine heiße Platte und legt die Gans darauf. Dazu gibt es ein schön süßsauer abgeschmecktes Blaukraut, in dem Dörrzwetschgen mit verkocht wurden, und statt Kartoffeln Topfenpolsterl:
Für sie verknetet man je 200 g Butter, Mehl und Topfen mit wenig Salz, walgt den Teig dick aus, schneidet kleine Karos daraus, bestreicht sie mit Eidotter und bäckt sie goldbraun. Sie gehen sehr schön auf und geben richtige Polsterl.

Gefülltes Ganserl

Wenn es die ersten jungen Gänse gibt, die besonders zart, aber natürlich noch klein sind, dann sollen sie ganz besonders fein gefüllt werden. Man reibt sie innen mit Salz und Pfeffer, außen nur mit Salz ein. Dann schmort man ½ gehackte große Zwiebel mit gleichviel Speck- und Schwarzbrotwürfeln sowie kurz angekochten Kartoffelwürfeln. Man gibt Salz, Pfeffer, Knoblauch und Majoran dazu und füllt damit die Gans, die gut zugesteckt wird. Nachdem sie schön resch gebraten ist, wird sie auf ihrer Fülle und zusammen mit Knödeln, jungem Blaukraut und Bratäpfeln aufgetragen.

Die Kirtagans (Kirchweihgans)

Sie spielt in Altbayern eine große Rolle, und die dicht vermummten Standlweiber am Münchner Viktualienmarkt wissen die alten Vögel genauso originell an die Hausfrau zu bringen wie die zarten jungen. Auf dem Lande aber beginnt vor Kirchweih (im Spätherbst) ein ganz großes Genssterben für diesen saftigen Tag, der dort einen kulinarischen Höhepunkt des Jahres darstellt. Schön goldbraun, fettstrotzend und lieblich umrahmt von Knödeln und Krautsalat muß sich die Kirtagans durch ihren köstlichen Bratduft gebührend ankündigen und dann: Auf geht's mit Tusch und Spruch! Hoffentlich nicht immer so, daß der Festredner beginnt: »Bei der Gans gedenken wir der Hausfrau . . .«
Eine besonders gute Gansfülle besteht aus einem würzig abgeschmeckten Hefeteig. Man gibt zu diesem Zweck geriebene Zwiebel und Zitronenschale, etwas Majoran, Suppenwürze, Salz und Muskat daran; der kleine, aber herzhaft abgeschmeckte Hefeteigknödel wird in die innen gesalzene und gepfefferte Gans geschoben. Er darf nicht zu groß sein, weil er noch schön aufgeht. Aufgeschnitten und um den tranchierten Braten gelegt, bildet diese Fülle dann eine prachtvolle Beilage.

Altbayrische Gans

Die Gans wird wie immer innen mit Salz und Pfeffer eingerieben. Dann gibt man an 2–3 aufgeschnittene Semmeln ½ Tasse geriebene Walnüsse, 1 geriebenen Apfel, etwas gehackten Beifuß, Petersilie, Salz, Pfeffer, Muskat, 2–3 Eßlöffel Gansgrammeln (Grieben), 2–3 Eier, Herz und Magen der Gans (gekocht und durchgedreht) sowie 1–2 Eßlöffel Meerrettich oder gehackte Kapern. Diese sehr pikante, das Fett absorbierende Masse wird eingefüllt. Man steckt die Gans zu, brät sie und serviert Erdäpfelfladen (siehe Seite 86), Sauerkraut und dick eingekochte Weichseln dazu.

Gansjung

»Gansjung mit Knödeln« ist die Titulatur eines kernigen bayrischen Herbstessens. Das Gansjung besteht aus den nicht zum Braten gehörigen Teilen des fetten Vogels, also Kopf, Hals, Flügeln, Füßen, Magen und Herz; auch das Blut braucht man dazu. Das Fleisch wird in Essig-Salzwasser mit Lorbeerblatt und viel Grünzeug schön weich gekocht. Inzwischen macht man eine braune Einbrenne mit etwas Zucker, damit sie schnell Farbe bekommt, ohne bitter zu werden. Man gibt das gekochte, in gefällige Stückchen geschnittene, wenn möglich auch gleich ausgelöste Fleisch hinein und schmeckt nun das Jung mit geriebener Zitronenschale, Zitronensaft, saurem Rahm, etwas Zucker und dem gerührten Blut (notfalls ½ Tasse Schweinsblut vom Metzger) sehr pikant ab. Die dunkle, glänzende Soße muß dann die dazu servierten Semmelknödel lieblich umspielen.

Ente mit Schwammerln

Sie fallen grad in die gleiche Zeit, die ersten fetten Enten und die ersten Steinpilze. Notfalls tun's auch Maronenröhrlinge oder Reherl.

Die Ente, vielleicht sogar 2, wenn sie noch ganz jung und zart sind, wird innen mit Salz und Paprika eingerieben. Dann dünstet man 1 mittelgroße, gehackte Zwiebel in etwas ausgelassenem Entenfett an, gibt ein Stück gehackten mageren Schinken, mit Herz und Magen (gekocht) sowie die Leber, 1–2 Eier, Salz, Pfeffer, Knoblauch, viel Petersilie und Brösel daran. Damit gefüllt, wird die Ente gebraten, dann tranchiert und mit Semmelknödeln auf ein gut abgeschmecktes Schwammerlgemüse gelegt.

Zur gleichen Ente paßt im Winter auch ein gut süß abgeschmecktes Rübenkraut. Man macht zuerst aus Fett und Zucker ein braunes Karamell, gießt auf und kocht darin das Rübenkraut gar. Es wird mit Salz und Senf nachgeschmeckt.

Indian mit Krenschaum

In Bayern sagt man zum Truthahn Indian, so, wie man im übrigen, nichtbayrischen Deutschland Puter sagt. Das sehr alte Wort stammt noch aus der Zeit, als Kolumbus glaubte, den Seeweg nach Indien entdeckt zu haben und diesen Wundervogel zu uns gebracht hat. In sehr frühen Kochbüchern wird er daher auch noch als Kalkutischer Hahn bezeichnet. Und in den wärmeren Strichen Bayerns hat er sich gut angesiedelt und kollert lustig einer großen Bratreine entgegen, um als goldener Braten wieder aufzuerstehen.
So ein Indian soll zwar groß und wohlgestalt, nicht aber älter als 1 Jahr sein. Alte Herren, die zu Bibgockeln herangereift sind, weil sie sehr geeignet und auch willens sind, unter ihrem breiten Gefieder eine große Anzahl von Biberln auszubrüten, die soll man ihrem Amt überlassen, aber nicht mehr ins Bratrohr stecken.
Wenn man also einen jungen Indian hat, gleich ob Hahn oder Henne (die Henne ist kleiner, aber zarter), dann reibt man ihn innen mit Salz und Pfeffer ein und gibt eine Semmelfülle samt Herz, Magen und Leber hinein. In seiner Heimat, Süd- und Mittelamerika, füllt man ihn mit Bananen und Kräuteln. Wie wär darum ein Kompromiß aus Bananen und Äpfeln? Dann bindet und salzt man den Vogel und läßt ihn unter häufigem Begießen mit der langsam verlängerten Soße schön bräunen. Das kann 1½ bis 2½ Stunden dauern. Zum tranchierten Braten stellt man ausgehöhlte Orangenhälften, die mit einem Gemisch aus Orangenfleisch, Kren (Meerrettich) und Schlagrahm gefüllt wurden. So empfiehlt es ein altes handgeschriebenes Kochbuch aus Passau von einer Maria Zoller aus dem Jahr 1818.

Ich möcht mir erlauben
Vorschläg' zu machen
für bratene Tauben
und Giggerl zu bachen.

Blanget von Indian mit Beschamell

(Originalrezept aus »Die baierische Köchin in Böhmen« von Anna Maria Neudecker, 1826)

Hat man übriggebliebenen gebratenen Indian, so zertheilet man ihn in kleine Stücke, macht sodann ein gutes weiches Beschamell (Butterschwitze), legt den Indian wieder auf eine Schüssel ganz zusammen, und gibt zwischen jedes Stück vom Indian ein solches Beschamell darein. Hat der Indian wieder seine gehörige Form, so übergießt man ihn mit zerlassener Butter, bestreut ihn mit feinen Semmelbröseln, und gibt ihn in einen heißen Ofen. Hat er eine schöne Farbe bekommen, so gibt man ihn zur Tafel.

Das Perlhuhn

Das Perlhuhn ist wie der Indian ein »Zuagroaster«, diesmal aber aus Afrika. Es kam über das Mittelmeer in unsere bayrischen Hühnerställe, wo es, besonders früher, recht heimisch gewesen war. Perlhühner schreien zwar lästig, schmekken aber gut, etwas wildartig und recht pikant. Man muß sie natürlich auch so abschmecken. Ihr schönes grau gesprenkeltes Gefieder darf aber nicht darüber wegtäuschen, daß auch nur die jungen Perlhühner gut schmecken. Ein noch weiches Brustbein und biegsame Flügel sowie helle Füße garantieren Jugend.

Man spickt oder bedeckt die Brust des gewürzten und beliebig gefüllten Großvogels mit Speck und brät ihn mit reichlich Butter. Als Fülle kann man die bei Ente, Indian und Gans angeführten verwenden oder einfach kleine saure Äpfel und Petersilie. Die Bratzeit soll kurz, so zwischen 25–35 Minuten sein, damit das Fleisch zart, rosig und saftig bleibt. Zu lang gebratene Perlhühner sind fad und trocken. Man gibt an die nach Belieben mit Butter verlängerte Soße den gehackten Speck, etwas Weinbrand und ein wenig Zitronensaft. Zum Perlhuhn passen mit Preiselbeeren gefüllte Schmoräpfel, Kartoffelbrei und Salate. Auch Steinpilze sind fein dazu.

Tauben in Eiersoße

2–3 junge Tauben werden sauber geputzt, innen mit Salz und Pfeffer eingerieben und mit einer Semmelfülle versehen. In diese gibt man die zerkleinerten Mägen, Lebern und Herzen der Tauben, etwas geriebenen Sellerie oder Selleriesalz sowie reichlich Petersilie und etwas Suppenwürze. Die zugesteckten Tauben werden in genügend Butter goldbraun gebraten und dabei mehrmals mit Soße übergossen. Diese wird am Schluß abgesiebt; man gibt 2 verschlagene Eier und etwas Weißwein oder Zitronensaft daran und verschlägt sie, ohne sie noch kochen zu lassen, schmeckt sie mit Salz nach und gießt sie schließlich über die halbierten Tauben. Zu beiden Seiten derselben setzt man blinde Reisknödel.

Hierbei handelt es sich lediglich um gekochten Reis, der in einen nassen Schöpflöffel gedrückt und dann auf die Platte gestürzt wird. Auf diese halben Knödel streut man 1 Prise Paprika.

Er hat gerne gut gegessen, der alte Prinzregent Luitpold (1821–1912), und er war bis ins höchste Alter ein zünftiger Jäger. Darum sind auch alle ihm zugeeigneten Gerichte sichtbar aus der »guten alten Zeit«, als noch das Lied vom »Umgang«, von der Fronleichnamsprozession, galt:

Und dann kommt der Prinzregent,
mit der Kerzen in die Händ',
die wo gar nicht brennt.

Er hat eine sehr alte Tradition der Wittelsbacher fortgesetzt, die gerne zum Jagen in die Berge und in die großen Wälder im Oberland, um München, im Spessart usw. gezogen sind. Bayern war ja immer wildreich, so daß Hase und Reh, Gams und Hirsch, Wildschwein und sogar Bären zu erlegen waren. Und Bärentatzen waren einst alleiniges Privileg des Hofes und mußten von weit her angeliefert werden, selbst wenn sie unterwegs »mufflert« geworden waren. Dann hat man sie eben gut gepfeffert.

Rebhühner nach Prinzregent Luitpold

Der nach ihm benannte Rebhuhnschmaus ist üppig. Man braucht ebensoviele alte wie junge Vögel dieser Sorte dazu, insgesamt etwa 4–6 Stück. Die alten oder zerschossenen werden nach sorgfältigem Putzen schön weich gedämpft. Dann wird ihr Fleisch abgelöst und mit angeschmorter Zwiebel und 100–200 g Kalbsleber durch den Wolf gedreht. An diese Masse gibt man 1–2 Gläschen Weinbrand, 2–3 Eier, geriebene Zitronenschale, 1 große, in grobe Würfel geschnittene und in Butter kurz geschmorte Gänseleber, 1 kleine Dose Trüffeln, Salz, Pfeffer und ein wenig fertiges Pastetengewürz. Damit füllt man nun die jungen Rebhendln. Man wickelt sie in Speckscheiben und brät sie wie üblich fertig. Inzwischen kocht man ein Kalbsbries (Milchner) in Essigwasser gar, reinigt es und brät es in Butter braun. Desgleichen werden aufgeschnittene Steinpilze oder schöne Steinpilzköpfe oder auch Champignons in Butter mit Petersilie gar geschmort und eine Partie Sauerkraut gedämpft. Man schmeckt es mit 1 guten Prise Zucker und Zitronensaft ab und türmt es auf eine Platte. Darauf werden die zuletzt aus ihrem Speckhemdchen gewickelten und leicht überbräunten Rebhuhnhälften angerichtet. Ringsum legt man die zu Röllchen geformten Speckstreifen, das Bries, die Pilze und die zu kleinen Knödeln geformte Restfülle. Die Bratensoße, die mit Madeira, der Trüffelbrühe und etwas Würze abgeschmeckt wurde, reicht man gesondert. Das waren noch Zeiten!

Rebhühner in Walnußsoße

Junge Rebhühner werden wie üblich gewürzt, in Speck gewickelt und je nach Jugend 25–30 Minuten gebraten. Man bräunt sie nach Abnahme des Speckhemdes noch kurz bei scharfer Hitze und tranchiert sie. An die Soße gibt man 5–6 fein zerstoßene Wacholderbeeren und je 1–2 Eßlöffel fein geriebene Brotrinde oder Pumpernickel sowie Walnüsse. Man fügt noch etwas Butter, 1 winzige Prise Zucker, Suppenwürze, Salz und Pfeffer hinzu. Diese dickliche Soße gießt man über die auf Sauerkraut angerichteten Vögel.

Rebhuhnragout mit Erbsen

2–3 junge Rebhühner werden vorbereitet, gesalzen und in genügend Butter leicht angebraten. Man schneidet schöne, gleichmäßige Portionen daraus und gibt nun in etwas Butter ½ feingehackte Zwiebel oder Schalotte, in kleine Würfel oder Streifen geschnittenen Schinken, reichlich gehackte Petersilie, Salz, Pfeffer, 1 gute Prise Zucker und (eine Packung) schöne grüne, kleine und zarte (Tiefkühl-)Erbsen. Man läßt die Soße etwas einziehen, damit die Farce dicklich wird und gießt sie an die Rebhuhnsoße. Sie wird noch mit Salz, etwas Suppenwürze und frischer Petersilie nachgeschmeckt. Dazu gibt es Blätterteigfleurons.

Fasan nach Onkel Albert

1 großer junger Fasan wird gesalzen und leicht papriziert. Für die Fülle weicht man 1 große Semmel in ½ Glas Portwein ein, drückt sie aus und gibt 3–4 Eßlöffel geriebene Haselnüsse, ein Stück gehackten Speck, ein in reichlich Butter gedämpftes Gemisch aus gehackter Zwiebel, Petersilie und Zitronenschale, 2 fein zerdrückte Wacholderbeeren, 2 Eier, Salz, Pfeffer, etwas Thymian, Herz, Magen und Leber (gekocht und gehackt) sowie etwas geriebenen Apfel dazu. Der damit versehene, zugesteckte Vogel wird in Speck gewickelt und in Butter gebraten. Den Rest Portwein gießt man an die Soße. Der Fasan wird auf Sauerkraut angerichtet, in dem nach Möglichkeit einige Steinpilze mitgekocht wurden. Man garniert ihn mit dem zu Röllchen geformten Einwikkelspeck und halbierten Wiener Würsteln, mit Häufchen von Kastanien und Scheiben von Blutorangen.
Ganz besonders raffiniert ist anstelle des Specks ein Ganshauthemderl. Dazu wird von einer fetten Gans – so man gerade eine hat – die Haut abgenommen und, mit Rosmarinblättchen unterlegt, über den Fasan gezogen. Die Gans selbst, der Kalorien wegen, wird blank gebraten. Nach dem Braten schneidet man Röllchen aus der knusprig braunen Haut und legt sie um den schön tranchierten und angerichteten Vogel. Sie geben ihm einen besonders feinen Geschmack. Kunststück!

Fasan nach Bräumeister-Art

1 schöner Fasan wird wie vorbeschrieben gewürzt. Für die Fülle nimmt man 1 kleines Paket Knödelmasse, würzt sie sehr pikant mit Pfeffer, Majoran, geriebener Zitronenschale, Petersilie und gibt, wenn möglich, einen Teller grob gehackte Pfifferlinge oder Speckwürfel hinein. Knapp die Hälfte der Fülle schiebt man in den Fasan und steckt ihn zu. Vom Rest formt man kleine Knödel, die kurz vor dem Anrichten gekocht werden. Dann brät man den in dünne Speckscheiben gewickelten Fasan, nimmt später den Speck ab, läßt den Vogel noch schön bräunen und zerlegt ihn in 4–6 Teile. Auf die Platte gibt man Wirsing, der gekocht, abgetropft und mit etwas gehacktem Speck kurz durchgeröstet wurde. Man legt die aufgeschnittene Fülle und den tranchierten Fasan darauf und streut außen herum auf das Gemüse den in schmale Streifen geschnittenen Einwickelspeck und in Butter gebräunte Zwiebelringe. Die Soße wird mit etwas Weinbrand und ganz wenig Ananas- oder Preiselbeersaft, einer Spur Senf und Pfeffer aus der Mühle abgeschmeckt und gesondert dazu serviert. Dazu gibt es noch die übrigen Knödel.

Ruhpoldinger Hirschziemer

Er ist in Schönheit verendet, der König der Wälder, im Anblick der herrlichen Gebirgswelt, und die Jäger haben sich den Braten verdient, wenn sie ihn hoch droben erjagt und dann vom Berg herunter gebracht haben. Darum will er auch mit Bedacht und Liebe zubereitet sein.

Als erstes wird die Beize aus Rotwein und viel Gewürz, Zwiebeln und Wurzeln zubereitet. In ihr wird der Ziemer 8–14 Tage häufig gewendet, dann abgetropft und sorgfältig gehäutet. Reich gespickt, gesalzen, mit zerdrückten Wacholderbeeren und Pfeffer eingerieben, wird er nun mit viel Zwiebeln und Wurzeln in genügend Fett angebraten. Man gießt immer wieder dicken sauren Rahm daran, läßt ihn bräunen und löscht mit Beize ab. Die Soße wird mit Schwarzbrotrinde eingedickt und mit einigen Tannennadeln, ein wenig Zucker oder Preiselbeersaft und Salz nachgewürzt. Sie muß dicklich, glänzend und dunkel fließen und wird zuletzt noch mit etlichen fein aufgeschnittenen Steinpilzen oder Champignons bereichert. Zum schön angerichteten Ziemer gibt es Kartoffelnudeln, gut süßsaures Blaukraut, Preiselbeeren in ausgehöhlten, in Wein geschmorten Äpfeln und grünen Salat.

Rehschlegel in Blauburgunder

Blauburgunder, der auch in Deutschland, besonders in der Pfalz, gepflegt wurde, war immer schon in der bayrischen Küche beliebt, weil er so würzig, bläulich-tiefrot und säurearm ist. Man trinkt ihn gern zu Wild, zwickt aber vorher schon ein Glas voll für die Soße ab.
Ein Stück Rehschlegel wird 3–4 Tage in eine Mischung aus 1 Tasse Blauburgunder und 1 Tasse Öl gelegt. Das Gefäß soll so klein sein, daß diese Beize genügt. Dann wird das Fleisch abgetropft, gewürzt, gespickt und in Butter mit Zwiebel und viel gehacktem Grünzeug angebraten. Man gießt mit der Beize und Buttermilch oder saurem Rahm auf, gibt 2 zerdrückte Wacholderbeeren, je 1 dünne Spirale von Zitronen- und Orangenschale und 2 Eßlöffel Rosinen daran. Die Soße wird noch mit einem Hauch Thymian, wenig Zucker und Pfeffer aus der Mühle pikant nachgeschmeckt. Man serviert gebratene Apfelscheiben, Blaukraut und extra kleine Kartoffelknöderl dazu.

Bauernhas im Topf

Seltsam, daß zu den Zeiten, als die Jagd noch allein dem Herrn gehörte, sich so viele Hasen zwischen die Füße der Bauern flüchteten. Sie haben die armen Viecherl dann mit heimgenommen und in der Bratpfanne »gewärmt«. So jedenfalls steht's in alten Gerichtsprotokollen, denn nicht nur Gemsen, auch Hasen waren Wildererbeute.
Und so wurde der Hase dann im gut zugedeckten Topf, damit ihn nichts verraten hat, gekocht:
2 Zwiebeln und 1–2 Zehen Knoblauch werden fein gehackt und in genügend

Fett glasig geschmort. Man fügt das klein geschnittene Hasenjung (Hals, Läufe, Bauchlappen, Herz, Nieren und Leber) hinzu, salzt und pfeffert es und läßt das Fleisch ein wenig anbraten. Dann stäubt man etwas Mehl darüber, gießt mit saurem Rahm auf und gibt ein Stückchen Salzhering oder noch besser gehackte Sardellen, geriebenen Sellerie und eine geriebene Gelbe Rübe daran. Nun klebt man den Deckel mit einem Mehlteiglein fest an, damit niemand riecht, was im Topf ist (heute nimmt man einen Römertopf). Gleichzeitig kocht man vorgeweichte weiße Bohnen gar und gibt sie mit Suppenwürze, etwas Rotwein oder Preiselbeersaft, Petersilie und noch etwas Pfeffer an das Ragout, das gleich im Topf serviert wird. Als Beilage reicht man natürlich Semmelknödel.

Gefüllte Hasenschenkel

Aus 2 oder gar 4 Hasenschenkeln lassen sich schöne Bratenstückl zubereiten. Die Schenkel werden auf der Innenseite so tief eingeschnitten, daß man den Knochen herausnehmen kann. Man stürzt die Schenkel nun verkehrt aufeinander, so daß die innere Schmalseite auf die innere Breitseite kommt und näht auf drei Seiten zu. Die Fülle für diese Taschen bereitet man aus gedünsteten Zwiebeln, Petersilie, Salz und Pfeffer, geriebener Zitronenschale, 2 Eßlöffeln geriebenen Erdnüssen, 1–2 Eiern und 1–2 eingeweichten Semmeln. Man würzt noch gut mit Rosmarin und etwas Koriander und näht dann die Tasche zu. Die Hasenschenkel werden mit Salz, Pfeffer und etwas Paprika eingerieben, mit reichlich gehackten Suppenwurzeln und Zwiebeln in Fett zugesetzt und unter häufigem Begießen mit der verlängerten Soße goldbraun gebraten. Die Soße schmeckt man mit Rahm und Rotwein, Johannisbeergelee und Suppenwürze kräftig ab. Die kleinen Braten lassen sich in sehr schöne Scheiben schneiden. Dazu gibt man entweder bayrisches Rübenkraut oder Blaukraut und Kartoffelnudeln.

Süße Beilagen zum Fleisch

Es ist eine eigene Sache um den regionalen Geschmack. Während zum Beispiel Preiselbeeren dem Bayern eine beliebte Zutat zu Schnitzel oder Rehbraten sind, schätzt er Rosinen oder andere süße Überraschungen in Fleischgerichten heute weniger. Karl Valentin bekam in Berlin einmal in einer Fleischsoße Rosinen vorgesetzt. Er rief empört den Kellner und zeigte diesem die seiner Meinung nach toten Fliegen. »Wat, Fliechen? Det sin Rosinen!« war die Antwort des Ganymed. Nach einem Weilchen gemächlicher Überlegung sagte Valentin bedächtig: »So – Rosinen –, Fliag'n war'n ma liaber!« Da kann man halt nix machen!

Trotzdem werden Früchte gern zu feinen Fleischspeisen gegeben. Das ist aber nichts Neues in der bayrischen Küche. Wenn man die ältesten bayrischen Kochbücher, so die Handschrift der Philippine Welser aus Augsburg von etwa 1530 oder der Anna Weckerin von 1598 durchliest, dann findet man da gehackte »Weixel« zu Wildpret oder geriebene »Öpfel« zum Rindfleisch, Birnen zu Braten, Pomeranzen zu Wild, den Saft von Granatäpfeln in Soßen und grüne Traubenbeeren als eine Art Essigzusatz, den man »Agrest« nannte. Aber auch Weinbeerl und reife Trauben waren sehr beliebte Beigaben, die man durch Gewürze wie Zimt und Zucker oder Honig zu Fleischspeisen – für uns heute ungewöhnlich – ergänzte. Das Süße zu Pikantem ist also durchaus keine neue Mode, sondern war immer schon ein interessanter Gaumenkitzel.

Gepfeffertes Apfelmus

Das ist ein uraltes und zugleich wieder hypermodernes Rezept, das man zu Enten- und Gansbraten, zu Wild und kalten Pasteten ausprobieren sollte. Es schmeckt überraschend gut. Dickliches, nicht zu süßes Apfelmus wird stark gepfeffert und mit 1 Spritzer Zitronensaft und nach Belieben mit 1–2 Eßlöffeln brauner Butter verrührt. Es soll gut lauwarm sein.

Burgunder Kirschen

Etwa 500 g feste Weichseln werden entstielt und entsteint. Man kocht sie mit 500 g Zucker, ¼ l Burgunderwein, 1 Eßlöffel Essig, 10 Pfefferkörnchen, etwas Nelkenpulver und einen Stück Zimtrinde kurz auf und gibt 7 Eßlöffel Opekta dazu. Ohne diese neuzeitliche Zutat müßte man mehr Zucker und Essig verwenden und länger kochen; dadurch werden die Kirschen musiger.

Weinäpfel mit Weichseln

Geschälte, halbierte und entkernte Äpfel werden in Weißwein mit wenig Zucker vorsichtig gedämpft. Inzwischen kocht man entkernte Weichseln in Rotwein mit Zucker dicklich gar und füllt sie in die Äpfel. Sie passen zu jedem Braten und besonders zum warmen Schinken.

Pomeranzensalat zu gebratenem Geflügel

(Originalrezept aus »Die baierische Köchin in Böhmen« von Anna Maria Neudecker, 1826)

Man schneidet so viele gute saftige Pomeranzen auf, als man braucht: man kann auch ein paar Limonien darunter schneiden, gibt das Geschnittene auf eine Assiette, dann Wein und Zucker nach Belieben daran.

Orangen-Kren

Halbierte, ausgehöhlte Orangen werden mit einem Gemisch aus geriebenem Apfel und Kren, dem klein geschnittenen Orangenfleisch und Schlagrahm hoch eingefüllt.

Preiselbeer-Kren

Unter 4–5 Eßlöffel Preiselbeeren gibt man etwa 1 Eßlöffel frisch geriebenen Kren. Der süß-scharfe Kontrast ist besonders rassig.

Apfel-Senf-Creme

Je 2 Eßlöffel Öl und Apfeldicksaft (zweckmäßiger nimmt man Opekta) verschlägt man mit 1 Eßlöffel Zucker und 1 Eßlöffel Essig. Wenn die Masse dicklich ist, gibt man einen grob geriebenen Meerrettich dazu. Die Creme muß pikant sein und gut süßsauer schmecken.

Gebackene Ananas

Abgetropfte Ananasscheiben werden in einen Ausback- oder Pfannkuchenteig getaucht und in Schmalz goldgelb gebacken. Man legt sie auf eine Platte und gibt etliche Weinbrandkirschen darauf.

Als Beilag für's Goscherl,
als richtige Schmiern
a Preiselbeerboscherl,
Pomeranzen und Birn.

Ingwer-Birnen

1½ kg Zucker und ¾ l Wasser kocht man mit einem guten Schuß Essig und 3 Eßlöffeln tags zuvor eingeweichten Ingwerwurzeln etwa 20 Minuten durch. Dann schält man 1½ kg kleine, feste Birnen, stutzt die Stiele und schabt sie ab. Man gibt sie in den Zuckersirup und läßt sie etwa ½ Stunde darin kochen; weiche Birnen brauchen entsprechend kürzere Zeit. Am nächsten Tag nimmt man die Brühe ab, kocht sie nochmals auf und gießt sie wieder über die Birnen. Sie werden in Gläser oder Steintöpfe gefüllt und mit Pergamentpapier oder noch besser mit Einmachcellophan zugebunden und kühl gestellt.

Bayrische Wurstologie

Bayern ist das Land der Frischwürste. Natürlich sind im Lauf der Zeit auch Rezepte für Hart- und Dauerwürste »zuagroast« und heimisch geworden, doch sind sie nicht typisch für das Land.

Aber es gab und gibt noch heute neben vielerlei allgemeinen Wurstsorten eine ganze Menge, die bestimmten Tageszeiten zugeordnet werden. So ißt man zum Frühstück eine zwiebelige Leberwurst, zur ersten Brotzeit ein Stück Pressack, zum Frühschoppen zarte, petersiliegesprenkelte Weißwürste mit süßem Senf oder Schweinswürstl. Mittags kann es Blut- und Leberwürst' geben, zur nachmittäglichen Brotzeit paßt ein Trumm warmer Leberkäs und zum Dämmerschoppen kommt ein Wurstsalat in Frage. Daß abends eine gebräunte Milzwurst mit Kartoffelsalat schmeckt, steht außer Zweifel.

Natürlich ist das nicht etwa *ein* Tagesplan, sondern soll nur zeigen, wie bei uns die Wurstuhr läuft. Jedenfalls geht sie nie vor, eher nach. Das soll heißen, daß auch zwischen den typischen Wurstzeiten immer noch ein weiterer Zipfel Platz hat.

Die Weißwurst

Sie braucht kein Rezept, sondern nur eine Anweisung zum richtigen Essen. Grundprinzip: Sie schmeckt nur am Morgen, und zwar schon von 5 Uhr an, also etwa nach durchtanzten Nächten als Labsal für den vom Alkohol strapazierten Magen. Dann zum Frühschoppen oder wenn man Hunger hat oder Freunde trifft – und auch so, ohne äußeren Anlaß. Sie darf aber das Zwölfuhrläuten nicht hören, sonst wird sie »letschert« (auf hochdeutsch fade, wabbelig). Feine Leute schlitzen die Haut auf und schälen das Wurstinnere heraus. Der echte Münchner (eine aussterbende Spezies mit hohem Seltenheitswert!) zuzzelt den Inhalt heraus und legt die Haut sauber an den Tellerrand, damit die Brezen und der Senf und ein Paar neue Würst genügend Platz haben.
Weißwürste ißt man mit süßem bayrischen Senf und Brezen oder Remischen Weckerln und begießt sie natürlich jahreszeitlich verschieden, also mit Maibock oder Märzen, mit einer Wiesenmaß oder einem anderen Gerstensaft.
Zu Hause kann man sie nicht machen, denn man braucht dazu das noch warme Brat ganz frisch geschlachteter Kälber. Es gibt heute Weißwürste in Dosen oder tiefgekühlt. Aber: oh mei!

Lyoner Gulasch

Der rote Wurstring, meist »Leoni« genannt, obwohl er gar nichts mit Leoni am Starnberger See zu tun hat, soll angeblich einem Rezept aus dem französischen Lyon seinen Namen verdanken. Er ist eine recht praktische Hilfe, wenn man schnell kochen will. Dann häutet man die Wurst und schneidet grobe Würfel daraus. Jetzt werden 2–3 Zwiebeln aufgeschnitten, in Fett hell angedünstet, mit 2–3 Kaffeelöffeln mildem Delikateßpaprika und sofort 1 Schöpflöffel Wasser versehen und gut durchgekocht. Man gibt die Wurst, 2–3 Eßlöffel Rahm, Salz, 1 Prise Zucker und etliche Tropfen Zitronensaft sowie Suppenwürze dazu. Wenn die Zwiebeln gut verkocht waren, braucht man keine Bindung für die schöne rote Soße, die man mit Rosenpaprika nachschärfen kann.

Leberkäs

Der Leberkäs oder Leberkas hat durchaus nichts mit Leber zu tun; mit Käs auch nichts, er heißt halt nur so. Es wird behauptet, daß »Leber« eine Verhunzung von Laib sei; das Wort Käs ist für eine kompakte Masse auch anderweitig üblich, so bei Quittenkäs, Kartoffelkäs. Es muß also durchaus kein Käse sein, was Käs oder Kas heißt. Hauptsache, der Leberkäs ist heiß und ganz frisch, saftig und würzig. Boshafte Leute nennen ihn »Beamtenripperl«. Es gibt in München und auch anderswo täglich mehrmals heißen Leberkäs, damit seine Liebhaber jederzeit befriedigt werden können. Leberkäs-Kenner haben ihre Spezialsorten, deretwegen sie durch die halbe Stadt laufen, weil sie ihren Leberkäs eben nur bei ihrem Metzger kriegen. Es gibt einen schweinernen und einen feinen, ganz hellen Kalbsleberkäs, aber der normale ist hochrot und hauptsächlich aus Rindfleisch. Kalter Leberkäs kann auch aufgewärmt, also in Schnitten geteilt und in der Pfanne abgebräunt werden, aber das ist nur eine halbe Sache. Man ißt Remische Weckerln oder Kartoffelsalat oder auch ein Ochsenaug (Spiegelei) dazu. Letztere Zusammenstellung trägt aber schon einen Hauch vom hohen Norden an sich.

Bamberger Blaue Zipfel

Weil ihre helle Haut in Essigwasser bläulich ausschaut, heißen sie im Fränkischen so. Der pikante Essigsud macht sie auch geschmacklich so interessant. Es handelt sich um rohe Bamberger Bratwürste, die in einem gut durchgekochten Sud aus Essigwasser mit etwas Salz und Zucker, Öl und ein paar Tropfen Suppenwürze, Lorbeerblatt, 1–2 Nelkenköpfen und Wacholderbeeren sowie reichlich Zwiebelringen noch eine Weile ziehen (ja nicht kochen!) müssen. An ihrer Bläue und ihrer strammen Haltung erkennt man, daß sie gar sind. Die Würste werden heiß oder kalt in etwas Essigbrühe angerichtet und mit den Zwiebelringen bedeckt. Frische Brezen und Bamberger Rauchbier sind die richtigen Begleiter.

Pfälzer mit Blaukraut

Richtige, würzige Pfälzer mit vielen Fettbuckeln unter der Haut werden kurz in Milch getaucht und dann liebevoll auf hellem Feuer gebruzzelt, bis sie in einem appetitlichen Kranz von glitzernden Fettäugerln einen herrlichen Duft ausströmen und goldbraun sind. Dazu gibt es gut weich gekochtes Blaukraut, das mit bayrischem Senf herzhaft süßsauer abgeschmeckt ist. Und natürlich auch noch ein sehr steifes, schneeweißes Kartoffelpüree.

G'schwollne oder Wollwürst in der Pfann

Das sind weiße Würste mit schwellenden Konturen, ähnlich einer Schlummerrolle, und ohne Haut. Sie fühlen sich weich und »wollern« an und werden daher gebietsweise Wollwürst genannt. Man taucht sie in Milch und brät sie dann goldgelb, schnell und auf gutem Feuer, damit sie saftig bleiben. Dazu gehört ein warmer Kartoffelsalat »mit Herz«, das heißt mit Schärfe. Daneben steht natürlich der bayrische Senf im blaugrauen Steintöpfchen.

Schweinene Bratwürst

(Originalrezept aus »Augsburger Kochbuch« von S. J. Weilerin, 1788)

Man nimmt etliche Pfund Schweinefleisch, welches von der Schoos, oder vom sogenannten abgedeckten Stück, am besten ist. Zu ohngefähr 5 Pfund Fleisch braucht man 3 Vierling frischen Speck, schneidet ihn ganz klein gewürfelt, thut das Brät (Gehackte) in eine Schüssel, und knetet es sammt einem guten Quart Wasser mit der Hand recht durcheinander; so läßt man es über Nacht stehen. Den andern tag thut man nach Gutdünken Salz, Pfeffer, Ingwer, und Majoran oder Coriander dazu, und knetet es, mit noch ohngefähr eben so viel Wasser, recht durcheinander / daß das Brät schön locker ist. Hierauf wird es in beliebige Därme gefüllt. Man kann diese Würste braten, oder über Nacht in Rauch hängen, so sind sie gut.

Die Milzwurst

Sie ist ein urbayrisches, fleischgewordenes G'stanzl, kulinarische Lyrik mit realem Hintergrund. Sie gehört zu den Frischwürsten, auf die man sich südlich der Mainlinie ja besonders gut versteht. Wenn also Wurst hierzulande, dann saftig und würzig, daß der »Baaz« (der fette Saft) nur so tropft. So auch bei der lieben, alten Milzwurst, einem Gemisch aus vielen guten Dingen. Sie sieht aus wie ein Terrazzoboden mit großen und kleinen, hellen und dunklen Fleckerln aus Milz und Brat, Bries und Speck und bleibt für die meisten Esser ein schmackhaftes Geheimnis, das von einer hellen Haut zusammengehalten wird. Man kann sie kaufen oder auch zu Hause bereiten.

Die Zutaten setzen sich aus einem Schweins- oder Kalbsnetz, der Kalbsmilz, 1 großen Bries, 125 g Schweinefleisch, 125 g Kalbfleisch, 125 g Leber, 1–2 Eiern, 1 Semmel und Gewürzen zusammen. Zuerst wird das Fleisch durch die Maschine gedreht. Dann schneidet man die Milz, das Bries und die Leber in walnußgroße Stückchen, gibt die milchgeweichte Semmel, das Ei, etwas Petersilie, getrockneten Thymian, Salz, ein wenig Muskat, ½ geriebene Zwiebel und nach Belieben auch noch etwas Pfeffer daran. Wenn alles gut durcheinander gemischt ist, wird die Masse auf das ausgebreitete, frische Netz gebracht. Dieses wickelt man nun so zusammen, daß eine gleichmäßig dicke Wurst entsteht, die dann mit einer Schnur wie ein Rollschinken gebunden wird. Die Milzwurst wird in Salzwasser 1¼–1½ Stunden leise ziehend und langsam durchgegart und hierauf zum Auskühlen in kaltes Wasser gelegt.

Dann wird sie in Scheiben geschnitten, die man in Ei und Brösel wendet und in der Pfanne auf beiden Seiten goldgelb bäckt. Als Beilage reicht man Zitronenschnitze und beliebige Salate dazu.

Ebenso kann man die aufgeschnittene Milzwurst in eine Brotsuppe geben, das ist dann schon ein komplettes Essen.

Regensburger Wurstsalat

Einige leicht vorgewärmte Regensburger (Würste natürlich!) werden geschält; so geht die Haut leichter herunter. Man schneidet gleichmäßige Radl (Scheiben) davon ab, gibt reichlich dünne Zwiebelringe dazu und würzt den Salat mit Essig, Öl, Salz, einer Spur Zucker und Schnittlauch. Er soll eine kleine Zeitlang ziehen; dann tischt man ihn mit süßem, also bayrischem Senf auf.

Er ist recht »unterhaltsam«, der Wurstsalat, besonders wenn viele Zwiebeln darin sind. Für Leute mit schwachem Magen oder unmittelbar vor einem Rendezvous ist er also nicht gerade empfehlenswert.

A Halbe für'n Durst,
für's Gelüste a Wurst,
für'n Hunger an Sterz
und a Madl für's Herz.

Vom Felchen bis zum Steckerlfisch

Bodensee, Chiemsee und Königssee streiten sich um den Ruhm, die besten Fische zu haben. Bei der Güte ihrer Spezialitäten ist dies aber schwer zu entscheiden. Nur die Zubereitungsarten sind typisch, und der eigene Geschmack, ob man sie lieber gebacken oder blau oder sonstwie mag, hat zu bestimmen.

Die edelsten Vertreter sind die aus der Familie der Salmoniden, also Forellen, Saiblinge, Salm, Lachs und Huchen. Felchen und Renken sind, neueren Forschungsergebnissen zufolge, als »Zuagroaste« oder Flüchtlinge zu betrachten, denn sie gehören zur Familie der Heringe. Um sich in Bayerns schönen Gewässern aufhalten zu können, haben sie sogar auf ihre salzige Seele verzichtet. Ja, so sans!

Bodensee-Felchen mit Kräuterfarce

Diese so gut getarnten Heringe werden geputzt, mit einem Gemisch aus Salz, geriebener Zwiebel und Zitronenschale eingerieben, in Mehl gewendet und in genügend Butterschmalz oder Öl recht schön goldbraun gebraten. Dann bedeckt man sie mit einer dicklichen Farce aus reichlich gehackter Zwiebel, die mit viel Kräuteln, notfalls noch mit ein wenig Spinat, geriebener Zitronenschale und Salz in Butter durchgeschmort wurde. Zuletzt bindet man die vom Feuer gezogene Farce noch mit 2–3 Eßlöffeln Mayonnaise oder Eiern und schmeckt sie mit Zitronensaft nach.

Chiemsee-Renken mit Meerrettich-Nuß-Soße

Ja, Oberbayern ist halt gar zu schön, so daß sich die Renke, geborener Hering, sauwohl fühlt im Anblick von Kampenwand und Hochgern. Aber es nützt ihr nichts, sie geht trotzdem an die Angel oder ins Netz.
In gut gewürztem Sud werden die Renken blau gekocht. Elegant mit Zitrone und Petersilie garniert, werden sie dann von einer köstlichen Soße begleitet. Für sie reibt man Meerrettich fein auf, gibt reichlich geriebene, zuerst geröstete Haselnüsse darunter und bindet beides mit ungesüßtem Schlagrahm. Die Soße wird zum Schluß noch mit Salz, ein wenig Zucker und Muskat pikant abgeschmeckt.

Königssee-Saiblinge

Der Königssee samt seiner großartigen Umgebung war einst Privatbesitz des bayrischen Königshauses und auch das Lieblingsjagdgebiet des alten Prinzregenten. Nach 6 Uhr abends mußte es still sein und der letzte Kahn an der Kette liegen. Das haben die kleinen, leckeren Saiblinge damals sehr geschätzt; auch das Echo hat seine Ruhe gehabt, und königliche Einsamkeit hat diese schönen Gefilde geheiligt. Heute ist nicht mehr viel übrig von der Stille, und die

Saiblinge schwanzeln nur noch vereinzelt herum und sind daher zur besonderen Köstlichkeit geworden.
Hier das Rezept zu einem Saiblinggericht, wie es der Prinzregent in St. Bartholomä geschätzt hat: Die blau gekochten Vettern der Forelle werden zu Ringen gebunden angerichtet. Für eine besonders gute Soße erhitzt man genügend frische Butter mit 1 Dose Krebsbutter und gibt nur ein bißchen gehackte Petersilie hinein. Zartweiße Salzkartoffeln bilden die einzige Beilage.

Aischgründer Karpfen

Ein etwas anspruchsvolles Rezept, aber wenn man einen guten Boxbeutel dazu trinkt, dürfte das Gleichgewicht hergestellt sein.
Schöne Portionskarpfen von rund 1 kg Gewicht (ja, ja die Aischgründer Herrenfischer nehmen dieses Festessen sehr gewichtig) werden der Länge nach vom Schwanz bis zum Kopf so halbiert, daß gerade die Mittelgräte übrigbleibt. Man salzt die Hälften, wendet sie in Mehl und legt einen halben Karpfen nach dem anderen, ihn sehr langsam eintauchend, in einen großen Kessel voll lebhaft siedendem Schmalz. Es muß reines Butterschmalz und auch genug davon sein. Die Karpfen werden darin knusprig goldbraun gebacken. Sie sind dann wundervoll gar und resch, so daß sogar die Flossen mitgegessen werden können und wie geröstete Mandeln schmecken.

Bavesen aus Karpfenrogen

1 großer Karpfenrogen wird gekocht, abgetropft und in Butter durchgeröstet. Man würzt ihn mit Salz, Pfeffer und Muskat und fügt gehackte Petersilie, geriebene Zitronenschale, 1-2 Eier und nötigenfalls noch etwas Rahm hinzu. Die gut zerdrückte, streichbare Masse füllt man zwischen je 2 mit Milch beträufelte Semmelscheiben, taucht diese in verschlagenes Ei und bäckt sie in Fett schwimmend goldbraun. Sie werden mit Zitronenschnitzen und Salaten aufgetragen.

Rutten in Sardellensoß

(Originalrezept aus »Baier'sches Kochbuch« von Anna Klara Messenbeck, Regensburg, etwa 1825)

Wenn die Rutten aufgemacht, die Galle herausgenommen, und sie sauber gewaschen sind, salze man sie ein, und lasse sie im Salz ein wenig liegen, trockne sie mit einem Tuch ab, staube sie mit Mehl ein, und backe sie lichtbraun aus dem Schmalze. Nun mache man folgende Sosse darüber; etliche ausgegrätete Sardellen werden rein ausgewaschen, mit Petersilgrün klein zerhackt, Semmelschnitten im Schmalze oder Butter geröstet, in ein kleines Kastrol mit halb Wein halb Erbsensuppe gegossen; dieses alles lasse man miteinander aufsieden, gebe einen Löffel voll Milchrahm und ein wenig Butter dazu, treibe es durch ein Haarsieb über den Fisch, und streue klein geschnittene Zitronenschalen darauf.

Gebackene Trůschenleber

Die Trüsche ist ein Raubfisch und daher schön fett, wie das auch unter menschlichen Raubfischen vorkommt. Man kocht sie blau oder brät sie gut gewürzt in Butter oder grillt sie. Vor allem aber ist ihre große Leber bemerkenswert, die wie eine Gänseleber verwertet wird. Man kann sie – am besten mehrere Lebern – in Butter braten oder grillen oder, noch feiner, mit Mandelstiften spicken und dann schmoren. Die Soße wird mit Rot- oder Weißwein aufgegossen, mit geriebenen Mandeln und gehackter Petersilie leicht angedickt und mit Zitronensaft und 1 Gläschen Weinbrand nachgeschmeckt. Man legt die Lebern auf dicken Toast neben die angerichete Trüsche und gießt die Soße darüber.

Edelfisch passen auf den Herrentisch,
auf den Weißfisch lauern alle schlauen Bauern.
(Alter Spruch)

Gespickter Donau-Huchen

Huchen sind vornehme und oft mächtige Herren. Sie gehören zur Fischaristokratie aus dem Stamme derer von Lachs. Wenn sie auch meist nicht so groß sind, wie Jünger Petri gerne erzählen, so ist es doch gut, für sie eine große Fischplatte herzurichten.
Für einen sehr großen Fisch, der sozusagen über jede Platte hinausgewachsen ist, verwendet man ein sauber geputztes Brett, legt eine Serviette darauf und deckt mit deren Enden den angerichteten Fisch zu, damit er schön heiß bleibt. Als Garnitur liegt außenherum ein Kranz von Bachkresse mit Zitronenschnitzen.
Der Huchen mit seinem langen schmalen Kopf wird so gehäutet, daß er von Seitenstrich zu Seitenstrich über den Rücken und von den Kiemen bis zur Schwanzflosse frei liegt. Man zieht dann unter der Hauptgräte, den ganzen Rücken entlang, einen dicken Spickstreifen hinter dem andern ein, streut Salz und Pfeffer auf den Fisch und brät ihn unter häufigem Begießen mit Butter. Die Soße wird mit Weißwein aufgegossen. Zuletzt wird der Huchen elegant mit grünen Mayonnaise-Zickzackstreifen garniert. Damit die Mayonnaise schön grün wird, mixt oder wiegt man reichlich Kräuteln fein, die man darunter gibt. Zitronenschnitze und Petersilie vollenden dieses Begräbnis erster Klasse.

Steckerlfisch

Der Steckerlfisch vom Münchner Oktoberfest ist weltberühmt. Dabei handelt es sich nur um einfache Weißfische oder gar um Heringe, die auf Holzsteckerl aufgespießt werden. Die Hauptsache bei ihnen ist die Kruste, die über offener Kohlenglut entsteht. Nicht minder wichtig ist aber auch das Milieu der dudelnden, buntflatternden, bierdunstigen »g'schreierten« Wies'n.
Man kann die geputzten, gesalzenen und in Mehl gewendeten Fische auch selbst auf Haselnußsteckerl aufspießen und über einem offenen Feuerchen im Garten braten. Genügend Bier und gute Stimmung tun dann das übrige dazu.

Oberammergauer Forellenauflauf

Es soll Sportangler geben, die sich jeglicher Mühe unterziehen, viele und gute Fische zu fangen, aber beim Essen ist ihnen das G'spiel mit den Gräten zu umständlich. Deshalb schätzen sie Speisen mit ausgelöstem Fischfleisch, selbst wenn's Forellen sind. Natürlich ist es eine Sünde, sie zu zerlegen, aber wenn einmal viele kleine Schwanzeln darunter sind und wenn sie eben der Gestrenge auf diese Art liebt, dann gibt es einen solchen Auflauf.
Die filetierten, sorgfältig von allen Gräten befreiten Fische werden in Butter vorsichtig angeschmort und in eine feuerfeste Form gelegt. Dann verschlägt man 1 Tasse nicht sehr sauren, dicken Rahm mit 2-3 Eidottern, etwas Salz, Zitronensaft, Petersilie und Muskat und gibt den steifen Eischnee darunter. Diese Masse gießt man über den Fisch und bäckt dann das Ganze im Rohr hell aus.

Würzburger Meefischle

»Mee«, breit gezogen und ein wenig aus der Nase gesprochen, ist die lokale Bezeichnung des stolzen Mains im Fränkischen. Und die Fische daraus sind eben die besagten Meefischle, klein, groß an der Zahl, sehr beliebt, goldbraun gebraten und durchaus geeigneter Begleitumstand eines ausgiebigen Frühschoppens mit einem goldenen Frankenwein. Man lebt ja gut und gerne in diesem schönen, barocken Landstrich und läßt die Meefischle darum dreimal schwimmen: im Main, im Fett und dann im Wein. Als Beilage gelten Brezen, nach Belieben auch einmal ein Kartoffelsalat. Meist aber ißt man sie »blank«, direkt aus dem Fettbad.

Allerlei G'müas

Gemüse – oder G'müas, wie man hierzulande sagt – war in Altbayern bis vor wenigen Jahrzehnten nicht besonders geschätzt. Dafür durfte das Stück Fleisch größer sein, und auch die Kartoffeln wußte man lieber durch Knödel oder Nockerln, durch Nudeln oder Makkaroni ersetzt. Nur schön langsam wuchs dem Bayern der Gemüsezahn. Deshalb ist auch die Reihe typisch bayrischer Gemüse, wenn man von Erbsen, Bohnen oder Gelben Rüben, die in einer grauen Mehlsoße schwimmen, absieht, nicht sehr groß. Aber einige wenige sollen die vielen nicht vorhandenen doch vertreten. Besonders solche, wie man sie noch in ganz alten bayrischen Kochbüchern aus der Zeit der gehobenen Küche findet.

Beim Gemüse merkt man wie beim Städtebau Südbayerns stark den italienischen Einschlag. So werden noch heutzutage da und dort die Bohnen »Fiesolen«, der Blumenkohl »Karfiol«, der Rosenkohl »Broccoli«, die Schwarzwurzeln »Skorzener« und die Gurken »Kukumer« genannt. Italienisch zubereitet, nur in Butter oder Olivenöl zartweich geschmort und mit frischen Kräuteln überstreut, schmecken diese Gemüse ja auch am besten. Aber es gibt noch einige andere interessante Zubereitungsarten, die typisch sind.

Wirsing mit Grammeln

1 Wirsingkopf wird halbiert und in Salzwasser gekocht. Man tropft ihn gut ab und röstet ihn dann in genügend Fett unter Umstechen, wie einen Schmarrn, auf der Pfanne durch. Dabei gibt man Salz, Pfeffer, Muskat und eine gute Handvoll Schweine- oder Gänsegrammeln (Grieben) darunter. Es kann an ihrer Stelle auch gehackter, durchwachsener Speck sein.

Altbayrisches Blaukraut

Das aufgeschnittene Kraut wird mit Essig beträufelt und mit Fett, Salz, Zucker, Kümmel, 1 großen, geriebenen Apfel, 1 mit 2 Nelkenköpfen besteckten Zwiebel und 2 Eßlöffel Rosinen gar gekocht. Man gießt mit etwas Bier auf; zuletzt schmeckt man das gut süße Kraut noch mit Suppenwürze und Essig oder Zitronensaft nach.

Gebratene Gelbe Rüben

Gleichmäßige mittelgroße Gelbe Rüben werden gewaschen und in Salzwasser gekocht oder mit Kartoffeln im Dämpfer gedämpft. Dann erst schält man sie, denn jetzt geht es leichter. Die Rüben werden nun in der Pfanne wie Bratwürste ringsum gebräunt und leicht übersalzen. Schmecken überraschend gut.

Kohlrabi mit Bröseln

Wenn Kohlrabi als Gemüse in einer Mehlroße nicht recht schmecken wollen, dann sollte man es auf die alte Art probieren, wie es noch in früheren Kochbüchern zu lesen ist.
Die Kohlrabi werden geschält, in Stifterl geschnitten und in ganz wenig Wasser mit etwas Butter, Salz und Zucker weich gedünstet. Dann röstet man 2-3

Eßlöffel Brösel in Butter hellbraun und gibt sie kurz vor dem Anrichten unter die Kohlrabi. Man kann auch noch etwas Petersilie darüber streuen. Die Brösel dürfen aber nicht zu lange vorher an das Gemüse gegeben werden, sonst bleiben sie nicht resch.

Gebackener Karfiol (Blumenkohl)

1 großer Blumenkohl wird in Stückchen geschnitten, mit kochendem Salzwasser gebrüht und dann nicht zu weich gekocht. Man macht einen kleinen Pfannkuchenteig und taucht die Karfiolröschen hinein, bäckt sie in heißem Fett und gibt sie dann zu anderem Gemüse oder auf die Fleischplatte oder in eine klare Suppe.

Karfiol mit Schinkenhaube

Schönen Karfiol (Blumenkohl) kocht man in Salzwasser nicht zu weich, tropft ihn ab und gibt ihn in eine gefettete Auflaufform. Dann verschlägt man etliche Eier mit etwas geriebenem Käs, Salz und Muskat, füllt davon eine Schicht auf den Blumenkohl und streut fein gewiegten Schinken darüber. Man läßt die Kruste anbacken, wiederholt den Vorgang und läßt nochmals anbacken. Das Ganze wird so lange fortgesetzt, bis Eier und Schinken verbraucht sind und die Kruste ganz dick geworden ist. Sie darf aber nicht zu braun und hart werden, damit der Blumenkohl saftig bleibt.

Grüne Bohnen

Sie sollten nicht in einer grauen Einbrennsoße schwimmen. Man kocht sie in leichtem Salzwasser rasch weich, tropft sie ab, gibt Salz, etwas Knoblauchpulver, gehacktes Bohnenkräutel und ein gutes Stück Butter dazu.

Hier noch ein etwas aufwendiges, aber gutes altes Rezept für grüne Bohnen, die einstmals in Bayern Fasolen oder Fiesolen genannt wurden. Man erzählt, daß sie Mönche aus Fiesole zuerst angebaut haben, daher ihr Name, der allerdings heute nicht mehr gebräuchlich ist.

Grüne Fasolen

(Originalrezept aus »Baier'sches Kochbuch« von Anna Klara Messenbeck, Regensburg, etwa 1825)

Man schneide geputzte Fasolen und brühe sie mit siedendem Wasser; schneide frischen Schinken, wie Blätter, lege die Schnitzeln in ein Kastrol, mit etwas Speckschnitzeln, und die Fasolen darauf, so lasse man sie langsam dünsten, wenn sie weich sind, gebe man gute Schü, etwas Wein, Butter, Pfeffer, Salbey und Salz daran, lasse sie auskochen, und gieb eine gute Buttersoß darüber.

Lauch in Rahm

Dicke Lauchstangen werden in Stücke geschnitten und in wenig Wasser mit Butter, Salz und Muskat rasch gar gedünstet. Man gießt 3-4 Eßlöffel Rahm darunter, läßt ihn kurz einziehen und legiert das Gemüse mit 1-2 verschlagenen Eiern. Es darf dann nicht mehr kochen, sonst gerinnen die Eier.

Glacierte Zwiebeln

Kleine, gleichmäßige Zwiebeln werden geschält und mit Butter und wenig Zucker in der Pfanne unter ständigem Schütteln ringsum goldbraun gebraten. Man gibt sie als feine Beilage zu Schweinsbraten, zu Wild, zu Schinken und dergleichen.

Zwiebeleier

In der eierreichen Zeit ein recht brauchbares Rezept. 3-4 geschälte Zwiebeln werden aufgeschnitten, in Butter braun geschmort und mit 5-6 verschlagenen Eiern durchgerührt. Man fügt Salz und Pfeffer, nach Belieben etwas Knoblauch oder gemahlenen Kümmel daran und trägt die Eier rasch auf, damit sie noch zart und saftig sind. Man streut Paprika oder gehackte Petersilie darüber.

Rotes Zwiebelgemüse

Reichlich aufgeschnittene Zwiebeln werden kurz in Salzwasser aufgekocht, gut abgetropft und in Butter angedämpft. Man gibt 1-2 Eßlöffel Tomatenmark und reichlich milden Delikateßpaprika, etwas Knoblauchpulver, Salz und Pfeffer dazu.

Schwammerl

Obwohl die Wälder voller Pilze aller Güteklassen und die Bayern eifrige Schwammerlsucher sind, gilt bei ihnen eigentlich nur ein Pilz, allerdings der beste, der Herren- oder Steinpilz als »der Schwammerl«. Die anderen werden bei ihrem Ruf- oder Hausnamen genannt. Da sind die Reherl oder Rehgeißerl (Pfifferlinge), die Bärentatzen oder Hahnenkämme (Korallenschwämme), die Rotkapperl, die Maronenröhrlinge, die Maiblatterl, Butterpilze und Reizker. Alle sind gut und schön, aber eben keine »Schwammerl«, obwohl auch Schwämme.
Übrigens gibt's auch menschliche Schwammerl, gutartige Tolpatsche, die man zwar auslacht, aber doch recht gern mag.

Ein echter Altbayer
sagt: »Mei liabstes G'müas
san Schweinswürstl!«

Schwammerl mit Knödeln

Auf und ab im Land kommt nach warmen Nachtregen, worauf ein passionierter Schwammerlsucher besonders »fündig« wird, von Juli bis in den Spätherbst dieses beliebte Gericht auf den Tisch. Die Schwammerl müssen noch taufrisch, jung, weiß im Fleisch und madenfrei sein. Man schneidet sie auf und läßt sie in heißer Butter schmelzen. Sie ziehen dabei genug eigenen Saft. Man gibt ein wenig geriebene Zwiebel und Zitronenschale, Salz, Kümmel, etwas Essig, Petersilie und dicken sauren Rahm dazu. Nach 10–15 Minuten sind sie gar. Und die Semmelknödel, die dazugehören, auch.
Es wäre schade, dieses köstliche »Gemüse«, original bayrisch, mit einer gelblichen Einbrenne zu verhunzen. Viel besser ist es, die Pilze gar nicht erst aufzugießen; dann braucht man sie auch nicht einzudicken. Und noch eines: Schwammerl aller Art dürfen nicht lange kochen oder schmoren, sonst werden sie zu zähen Lederfleckerln.

Gebratene Steinpilze

Große, madenfreie Exemplare werden entweder in Kappe und Stiel zerlegt oder längsdurch dick aufgeschnitten. Die Stücke werden in gesalzenem Ei gewendet und in Butter gebraten. Man kann sie nach Belieben auch bröseln (panieren) oder nur in gesalzener Butter goldbraun braten, was insbesondere für die Pilzköpfe allein am besten ist. Genauso lassen sich große Maronen, Birkenpilze, Butterpilze, Reizker und ähnliche Sorten braten.

Reherl mit Eierhaber

Reherl sind Pfifferlinge; Eierhaber ist ein saftiges Rührei. Die geputzten Pilze werden kurz in Salzwasser aufgekocht, abgetropft und mit fein gehackter Zwiebel in Butter angeschmort. Man gibt Salz, reichlich Petersilie, etwas sauren Rahm und dann je nach Bedarf 4-6 verschlagene Eier daran. Sobald sie fest zu werden beginnen, kommt das »Gemüse« zu Tisch.

Gefüllte Maronenköpfe

Große, madenfreie Maronenköpfe werden beiderseits rasch in Butter gebraten und gesalzen. Von den gehackten Stielen, etwas gehacktem Speck, viel Petersilie, Salz, etwas Zitronensaft und -schale dünstet man schnell eine Fülle und gibt 2-3 Eier und 1 Eßlöffel Brösel daran. Diese Masse türmt man auf die Pilzköpfe und überbäckt sie im Rohr.

Schwammerl-Pickelsteiner

Grob gewürfelte Kartoffeln werden in Fett kurz angebraten, wobei man sie umsticht. Man gießt auf, gibt 1 Teller klein geschnittenes Gemüse (auch tiefgefrorenes Suppengemüse), Salz, Pfeffer und Petersilie daran. Wenn alles weich ist, fügt man grob geschnittene Schwammerl beliebiger Art und so viel man hat, dazu. Nach weiteren 10 Minuten Kochen folgen 2-3 Eßlöffel saurer Rahm und frische Petersilie.

Pickelsteiner

Ursprünglich war das ein Armeleut-Essen, wie das ja zusammengekochte Eintöpfe auf der ganzen Welt sind, und stammt aus dem Bayrischen Wald. Seine Geschichte ist reizvoll; man kennt sie ganz genau. Im Jahr 1823 hat der Herr Landrichter Storlein von Grafenau, und zwar genau am 17. Juni, seinem Namenstag, einen Ausflug mit Freunden auf den 830 Meter hohen Büchelstein im Lallinger Winkel bei Regen gemacht. Und die Wirtin Frau Auguste Winkler geb. von Kiesling aus einer bekannten Glasherrendynastie hat für die fröhliche Gesellschaft einen, wahrscheinlich fleischreicheren Eintopf wie sonst, zum Mitnehmen auf den Berg gekocht. In einem großen Topf mitgeschleppt, wurde das Gemeinschaftsessen auf dem Gipfel des Büchelsteins über einem zünftigen Bergfeuerl heiß gemacht, und allen gefiel und schmeckte das so, daß man den Ausflug nun alljährlich am St.-Benno-Tag wiederholte. Und die Wirtin, das Datum, das Rezept und der nach dem Berg benannte Eintopf, blieben nicht nur in Erinnerung, sondern lebten sogar zu einem alljährlichen großen Volksfest auf, das mit tausenden Portionen von Pickelsteiner, viel Bier, einem Zelt für 5000 Personen, Lampions und Feuerwerk gefeiert wird. Allerdings in Regen, nicht in Krattersdorf, wo die eigentliche Begründerin des Festes und die Schöpferin des Rezeptes begraben liegt. Das heutige Büchelsteiner (wie's eigentlich heißen müßte) oder Bichelsteiner oder Pickelsteiner ist weltweit bekannt geworden, und sogar Bismarck hat es zu schätzen gelernt.

Je 250–300 g Rind-, Kalb- und Schweinefleisch werden in Würfel geschnitten. Man gibt 250 g gehacktes Rindermark darunter und schneidet 2 große Zwiebeln, 2 Petersilienwurzeln, 2 Gelbe Rüben, etwas Sellerie und viele Kräutel klein. Diese Zutaten gibt man nun schichtweise in einen Topf, in dem man zuerst etwas Fett erhitzt hat, streut Pfeffer und Salz dazwischen und gießt mit Fleischbrühe so weit auf, daß alles gerade bedeckt ist. Das Ganze wird zugedeckt und ohne umzurühren etwa ³/₄ Stunden vorsichtig gar gekocht.

Früher gab's für das Pickelsteiner eine eigene flache Blechform mit ineinandergreifenden Deckeln, die es ermöglichten, das Pickelsteiner auf der Herdplatte zu stürzen und so recht vorsichtig von beiden Seiten durchzugaren, damit es nichts von seinem Aroma und seinem Saft verloren hat.

Laubfrösche

Große, feste Spinatblätter oder zarte Wirsingblätter werden in kochendem Salzwasser kurz gebrüht. Inzwischen hat man die gehackte Zwiebel und klein geschnittenen Speck, nach Belieben auch etwas Leber oder Schinken, mit 1 Tasse abgetropftem gekochten Reis, 1–2 Eiern, Salz, Pfeffer, etwas Muskat und Paprika, Suppenwürze und 1 Kaffeelöffel Senf gut abgemengt. Man legt je 3-4 Spinatblätter zusammen, gibt je 1 guten Eßlöffel voll Fülle darauf und rollt sie zusammen. Man kann sie mit Zahnstochern zusammenfassen. Diese Laubfrösche werden in einer gut gefetteten feuerfesten Form entweder in der Röhre oder nach Belieben auch in der Pfanne mit genügend Fett ringsum goldbraun gebacken.

Kraut und Ruam

Nachdem Kraut und Rüben (sprich Ruam) einstmals so ziemlich das einzige Gemüse und auch – ohne Kartoffeln – die hauptsächlichste Zukost waren, haben sich die Hausfrauen schon sehr früh mit viel Hingabe und Phantasie allerhand Abwechslung dafür ausgedacht. Das nachstehende alte Rezept »Eine Krautdorten« ist in etwa als Vorläufer des noch heute beliebten Krautbratens anzusehen. Es stammt aus dem ersten gedruckten Kochbuch aus der Feder einer Frau im europäischen Raum, und noch dazu ist es in Bayern, in Amberg, gedruckt worden. Anna Wecker war die Frau des Arztes Dr. Johann Wecker und lebte als Witwe bei ihrer Tochter Taurellus, der Frau eines Professors an der Universität Altdorf bei Nürnberg. Ihre Koch- und auch Hausarznei-Rezeptsammlung ist natürlich sehr an das damalige Wissen vom Kochen und an die spärlichen Zutaten und Kochmöglichkeiten gebunden, strahlen aber sprachlich und traditionell soviel Bayrisches aus, daß dem Leser das Herz lacht.

Eine Krautdorten

(Originalrezept aus »Ein köstlich new Kochbuch« der Anna Weckerin, 1598)

Nymb Binetsch (Spinat) oder den schönen gelben Mangolt / oder so du es für ein Krankes wilt / Borragen (Boratsch) / Lattich vnnd andere Kreuter darvunder / so jhm zu seiner Kranckheit dienstlich seyn / reinig es / wasch es / sauber / schwing das Wasser wol darvon / hack es klein / mach Schmaltz heiß / laß geheb gedeckt auff einer Kohlen gemach kochen / biß daß es linde wird / darnach laß ein wenig überschlagen / weich ein Brosen weiß / Brot inn einem Milchrahm oder Mandelmilch / rühr es in das Kraut / klopff Eyer wol / nachdem die Dorten groß solle seyn / es sol in der Dicken sein wie ein dünnes Teiglein / darauß man etwas bächt / thu wol Weinbeer vnd Meerdräubel darein / aber allererst / wann du es inn den Hafen thust / daß es, nicht wie ein Hauffen zu boden falle / wol Pfeffer vnnd Saffran / Saltz es recht / zuckers ziemlich / nicht gar zu vil / bereits und bereit den Hafen / geuß darein / lege hin vnnd her mit dem Messer an den Boden Stücklein süß Schmaltz / wann sie jetzt in der Pfannen oder Ofen ist / damit sie nicht aufschieß / wann sie nun gestanden vnd das Schmaltz zugangen / so habe wolgestoßen Zucker und Zimmet vndereinander / da bestrew es so dick / daß man das Kraut nicht sihet / gib ihm oben herab eine gute Hitz / darnach wirds genug seyn. sie seynd trefflich gut.

Röstkraut mit Grammeln

Weißkraut oder auch Wirsing wird geviertelt und in Salzwasser gut weich gekocht. Man tropft das Kraut ab und röstet es dann wie einen Schmarrn in einer großen Pfanne mit reichlich Fett oder Speckwürfeln unter ständigem Umstechen braun, das heißt, bis die Ränder braune Ramerl haben. Wenn man nur Fett nimmt, gibt man zuletzt eine Tasse voll Grammeln (Grieben), Salz und etwas Muskatnuß daran. Auch fetter, in kleine Würfel geschnittener Schinken oder Gansfett schmecken gut dazu.

Bierkraut

Nachdem der Bayer gern Kraut ißt und gern Bier trinkt, hat er sich diesen kulinarischen Zwilling ausgedacht. Es handelt sich um Weißkraut, das fein aufgehobelt und mit reichlich Speck- und Zwiebelwürfeln angedünstet wird. Man gibt ganz wenig Wasser, Salz, 1 winzige Prise Zucker, etwas Pfeffer und langsam Bier dazu. Das Kraut muß nun gar dämpfen und kann zum Schluß mit ganz wenig Mehl gestaubt und eingedickt werden. Zuletzt würzt man es noch mit Essig und nach Belieben mit Kümmel pikant nach. Es soll leicht süßsäuerlich schmecken und braucht deshalb vielleicht noch eine Spur Zucker.

Krautstrudel

Von 1 großen oder 2 kleinen Krautköpfen nimmt man die Blätter ab, schneidet die Rippen heraus und hobelt das Kraut fein auf. Dann dämpft man es in etwas Fett mit Zwiebeln an und gibt Fleisch- oder Schinkenreste dazu. Man läßt dieses Gemisch auskühlen und bereitet einen Strudelteig. Von diesem wellt man 2 oder 3 nicht zu große Strudel aus, füllt sie mit der Krautmasse und legt sie in eine gefettete Bratreine. Der Strudel wird öfter mit etwas Fett oder saurem Rahm übergossen und schön braun ausgebacken.

Krautknödel mit Zwiebel-Speck-Soße

1 schöner Weißkrautkopf wird in Salzwasser gar gekocht und mit 4–5 milchgeweichten Semmeln und etwas Zwiebel durch die Fleischmaschine getrieben. Man gibt dann an die Masse 2 Eier, ein wenig Mehl, Muskatnuß, Salz und Pfeffer und formt haltbare Knödel daraus. Diese werden in Salzwasser ¼ Stunde gekocht. Zur Soße schneidet man Speck in Würfel und läßt dieselben mit gehackten Zwiebeln leicht rösten. Sie werden dann auf die Knödel gegeben.

Krautnudeln

1 mittelgroßer Krautkopf wird aufgehobelt und mit etwas Fett und Salz weichgedämpft. Dann fügt man 3 Eßlöffel Semmelbrösel daran und zieht das Ganze vom Feuer. Wenn die Masse ausgekühlt ist, gibt man ungefähr die halbe Menge Mehl auf ein Brett und wirkt einen strengen Nudelteig davon. Man wellt ihn zu einer langen Wurst und schneidet von dieser die Nudeln, die in Salzwasser gekocht und mit gerösteten Semmelbröseln übergossen werden.

Krautwickerl mit Fisch

Von 1 großen Krautkopf werden die Blätter abgenommen und vorsichtig in Salzwasser abgewellt; dann legt man sie auf ein Brett zum Auskühlen. Inzwischen treibt man ½ kg Fisch durch den Fleischwolf und fügt etwas gewürfelten Speck, 2 milchgeweichte und ausgedrückte Semmeln, gehackte Zwiebel, ein wenig Salz, Pfeffer, Majoran und Mehl hinzu, so daß die Masse einen Halt bekommt. Dann füllt man sie in die Krautblätter ein, bindet diese mit Faden zu und läßt sie nebeneinander liegend in einer Bratreine durchbacken. Man gibt eine Senf- oder eine Tomatensoße dazu.

Schwammerlkraut

Sauerkraut wird mit Speckwürfeln gar gekocht. Man gibt 1 Teller grob geschnittene Steinpilze oder Reherl hinein und läßt sie darin gar werden. Dann streut man reichlich Petersilie auf das mit wenig Zitronensaft und Zucker abgeschmeckte Kraut.

Kraut und Ruam,
Dirndl und Buam
sind a guats G'spann
im Bett, in der Pfann.

Sauerkraut mit Dörrzwetschgen

Mit Sauerkraut kocht man reichlich Dörrzwetschgen ohne Kerne zartweich. Sie sehen nicht nur schön aus, sie schmecken auch gut im Kraut, das noch mit etwas Zucker und Zitronensaft nachgeschmeckt wird.

Krautmandl

Übriggebliebenes gekochtes Sauerkraut wird ausgedrückt, damit es nicht zu soßig ist. Dann werden 3–4 alte Semmeln in Milch geweicht, ausgedrückt und mit gedämpften Zwiebelringen, Petersilie, Salz, Pfeffer, Paprika, Thymian, einigen Tropfen Würze sowie 500 g schweinernem Hackfleisch gut vermischt. Die Masse soll recht würzig schmecken. Nun gibt man in eine feuerfeste Auflaufform ein wenig Fett und dann löffelweise das Sauerkraut; auf dieses legt man die Fleischfülle und obenauf wiederum Sauerkraut. Man streut Semmelbrösel darüber und bäckt die Masse gut 1 Stunde im Rohr. Als Beilage schmecken Kartoffelnudeln besonders gut.

Bayrische Rübchen

Sie werden auch Herbst- oder Stoppelrüben genannt und sind nahe Verwandte der Teltower Rüben. Ihr koketter lilafarbener Ring um den Blätterstand auf dem schneeweißen Röckchen macht sie schon für's Auge reizvoll. Sie werden aber auch für die Zunge süß zubereitet. Je nach Größe werden die geschälten Rübchen im ganzen oder in Würfel geschnitten verwendet. Zuerst läßt man 1–2 Eßlöffel Zucker trocken schmelzen, bis er schön braun ist. Man gibt die Rübchen, ein Stück Butter, etwas Wasser und Salz dazu und läßt sie zart garen. Zuletzt bindet man die Soße mit einem Hauch Mehl und schmeckt das Gemüse gut süßsauer mit noch etwas Zucker, Zitronensaft und Petersilie ab. Sehr gut zu Rind- und Schweinefleisch, das man auch gleich in den Rübchen weichschmoren kann.

Wirsinghäuferl

Wirsing wird halbiert, in Salzwasser weich gekocht und abgetropft. Man drückt ihn partieweise in einen Schöpflöffel und kippt diese auf die Platte. Darüber gießt man ein Gemisch aus gehackter Zwiebel und Speck oder Schinken, das mit Petersilie gedämpft wurde. Außerdem streut man noch reichlich milden Delikateßpaprika darüber.

Rettichgemüse

1 großer Rettich wird grob aufgerissen. Dann bereitet man eine kleine weiße Schwitze, gießt mit Wasser und wenig Milch auf, gibt den Rettich dazu und würzt nun mit etwas Salz, Muskat, ein paar Tropfen Suppenwürze, 1 winzigen Prise Zucker und einem Spritzer Essig. Je schärfer man das Gemüse wünscht, desto kürzer kocht man es.

Vielseitige Erdäpfel

Kartoffeln waren ehedem in Altbayern keine tägliche Beilage, sondern ein seltenes »Gemüse«. Das hatte mehrere Gründe: Zunächst einmal wurden die Knödel höher geschätzt, und dann waren auch die Sorten nicht gut; es wurden in der Hauptsache nur Futterkartoffeln angebaut. So war auch der Bauernspruch berechtigt: »Mir essen scho Erdäpfel, aber erst, wenn s' d'Sau g'fressen hat.« (Also in Form von fettem Schweinefleisch.) Höchstens am Sonntag gab's zum Braten einen Kartoffelsalat, der als Gemüse galt. Und wenn er gut war, dann stammte er nicht von einem Bayern, oder das Rezept jedenfalls kam vom Norden herunter. Man hat sich früher im Lande der Nudeln, Knödel und Nockerln auch gar nicht viel Mühe um die Kartoffeln gemacht und ließ nur die G'rösten (geröstete Kartoffeln, nördlich des Mains Bratkartoffeln benannt) einigermaßen gelten. Sie mußten aber schön fett, goldgelb gebrutzelt und kümmelgewürzt sein. Heute ist es wohl anders, aber Bayern ist nach wie vor das Land der Mehl- und Brotspeisen mit viel Butter, Schmalz und Eiern, der großen Braten, der vielerlei Würste und der kleinen oder ganz fehlenden Gemüseportionen. Aber wenn schon Kartoffeln, dann besonders gut!

Reichenhaller Kartoffelberg

Eine saftige Art der Zubereitung, die der altbayrischen Zunge vielleicht gerade noch taugte.
Kalte Kartoffeln werden geschält und aufgeschnitten. Man brät sie wie G'röste in genug Fett an und gießt 1 Tasse dicken sauren Rahm, unter den 3–4 Eßlöffel geriebener Käs gerührt wurde, darüber. Nach kurzem Durchziehen türmt man die Kartoffeln auf eine Platte, streut nochmals Käs darüber und läßt diesen Berg im Rohr leicht bräunen oder nur kurz schmelzen.

Ordinäre Erdäpfel mit Zwiebeln

(Originalrezept aus »Die baierische Köchin in Böhmen« von Anna Maria Neudecker, 1826)

Man siedet oder schält gute Erdäpfel, schneidet sie in feinen Blättern auf, legt viel Fett oder Butter in einen Tiegel, auch eine gute Hand voll länglicht feingeschnittene Zwiebeln dazu; diese läßt man zuvor ganz gelbbraun werden, giebt die Erdäpfel nebst Salz und Pfeffer darein, und kehret sie einigemale darin um; sind sie noch zu trocken, so kann ein wenig fette Suppe daran gegeben werden. Einige essen sie auch lieber trocken. Auch kann man nach Belieben etwas Essig dazu thun.

Der Kartoffelteig

Er ist der »g'standene« Bruder der Erdäpfel, also der vornehmere, denn einen »nackerten« Kartoffel im Urzustand schätzt die bayrische Zunge nicht überaus. Deshalb ist der goldbraune, in Schmalz herausgebackene Kartoffelteig »Moar« (Meister). Seine Variationen sind ein Beweis der folkloristischen Phantasie und Sprachgestaltung.

Kartoffelnudeln

Kalte, geriebene oder durchgedrehte Kartoffeln, etwa 1/3 der Masse an Mehl, Salz (Kümmel oder Majoran) und nach Belieben 1–2 Eier sind die Zutaten. Daraus werden fingerlange Nudeln gedreht, die man ringsum braun bäckt. Zum Schweinsbraten, zu Wild oder Gemüse eine feine Beilage!

Hosenknöpf

Sie bestehen aus dem gleichen Teig wie die Kartoffelnudeln. Langgerollte, gut fingerdicke Striezel werden etwa 2 cm lang abgeschnitten und diese Knöpfe dann in der Pfanne in genügend Schmalz ringsum braun gebacken.

Bruckprügel oder Hirtasteck'n

(Brückenbohlen) sind vorgenannte lange Kartoffelteig-Striezel, die quer in eine Reine mit reichlich Schmalz gelegt, mit Schmalz bestrichen, mit dickem sauren Rahm übergossen und im Rohr goldbraun herausgebacken werden.

Schneckenhäusl

Der vorgenannte, diesmal etwas festere Kartoffelteig wird ausgewellt, zu langen Streifen geschnitten und nun entweder mit Grammeln (Schweinefett-grieben), gebräunten Zwiebeln und Rahm oder mit Rahm und Bröseln oder mit Apfelschnitzen, Zucker und Rahm belegt und aufgerollt. Der Rahm, ein recht schön saurer, dicker, spielt dabei eine große Rolle. Die aufgerollten Schneckenhäusl werden hochkant nebeneinander in die gut gefettete Reine gesetzt. Man gießt nochmals mit Ei verschlagenen Rahm darüber und brät die Schneckenhäusl im Rohr goldbraun.

Kartoffelschmarrn oder Sterz

Gekochte Kartoffeln vom Tag vorher werden geschält und locker aufgerieben, also nicht durch die Maschine gedreht, damit sie ganz flockig sind. Man streut etwas Salz und ein wenig Mehl darunter und würzt nach Belieben noch mit Majoran oder Pfeffer. Die zarte, krümelige Masse wird in eine große Pfanne mit reichlich Fett gegeben und unten goldbraun angebrutzelt. Erst dann sticht man den Schmarrn immer wieder um, bis er allseits goldbraun und locker bröselig ist. Er braucht viel Fett, schmeckt dafür aber auch recht saftig. Man reicht ihn entweder zu pikanten Sachen wie Sauerkraut, in dem natürlich ein Trumm Schweinefleisch schwimmt, oder süß, mit etwas Zucker überstreut und mit frischen Erdbeeren oder Heidelbeeren oder Apfelmus.

Erdåpfel-Kås-Pfannkuchen

Kalte, geriebene Kartoffeln werden mit etwas Mehl, 2–3 Eiern, Salz, Pfeffer, etwas Koriander oder Thymian, 2–4 Eßlöffeln geriebenem Käs und ein wenig Milch zu einem dick fließenden Teig angemacht. Daraus bereitet man mit genug Fett – denn sie kleben infolge des Käszusatzes leicht an – kleine Pfannkuchen. Sie werden heiß und resch aufgetragen und mit Petersilie überstreut.

Erdåpfelfladen

Ungefähr 250 g kalte oder auch noch heiße Kartoffeln werden aufgerieben und mit 2–3 Eiern, Salz, gehackter Zwiebel, 1–2 gehackten Essiggurken oder 2 Eßlöffeln Kapern zu einem halbfesten Teig verrührt. Man gibt ihn partieweise in eine Pfanne mit genug und gut heißem Schmalz, am besten Schweineschmalz, und bäckt vorsichtig Pfannkuchen daraus. Sie brechen leicht, daher soll man sie nicht zu groß backen. Die Fladen schmecken zu allen soßigen Speisen, besonders zu fetten Gänsen ausgezeichnet.

Fränkische Backas und Reiberdatschi

Rohe, geschälte Kartoffeln werden aufgerieben und auf einem Sieb abgetropft (nicht ausgedrückt). Die gesalzene Masse soll noch gießfähig sein. Man bäckt handtellergroße Fladen daraus und nimmt am besten Schweineschmalz dazu. In anderen Gegenden Reiberdatschi genannt, gießt man an die geriebenen, ausgedrückten Kartoffeln etwas kochende Milch, 1–2 Eier und würzt noch mit Pfeffer oder geriebener Zwiebel. Dazu gibt es Sauerkraut oder warmes Apfelmus.

Holledauer Erdäpfelkas

Damit die Holledauer Hopfenzupfer schnell, gut und billig abgefüttert werden konnten, hat eine kluge Hauserin dieses überraschend einfache und dabei doch gut schmeckende Kartoffelgericht erfunden. Nur darf man nicht zu viel davon hinunterwürgen müssen, sonst druckt's. Aber zu einem saftigen, warmen Stück Leberkäs, als Brotzeitbegleiter oder zu gebratenem Wild mit einer Rahmsoße, da ist der Erdäpfelkas (nicht ganz eiskalt), schon eine feine Sache.
1 kg möglichst mehlige Kartoffeln werden noch warm geschält und aufgerieben oder durch die Kartoffelpresse gedrückt. Dann gibt man gut ¼ l Rahm (süßer und dicker saurer gemischt), und 1–2 gehackte, nach Belieben leicht in Butter durchgedünstete Zwiebeln darunter. Rohe Zwiebeln sind nicht jedermanns Sache! Die dickliche Masse wird mit Salz und Pfeffer, nach Belieben auch noch mit etwas Suppenwürze recht herzhaft abgeschmeckt und in eine naß gemachte Schüssel gedrückt. Man stürzt den Kas und schneidet Scheiben davon.

Oberpfälzer Goasbradl

Dieses Rezept stammt aus der Naab-Gegend. In ironischer Selbstbescheidung hat man in der armen Oberpfalz einer sehr einfachen Kartoffelspeise die aufwertende Bezeichnung eines Geißbratens gegeben. Die Geiß (Ziege) galt als

»Häuslerkuh«, und Geißenfleisch war immerhin noch besser als gar keines. Die Steigerung war dann noch der Goasbraten aus Kartoffeln.
Rohe Kartoffeln werden geschält und in dünne Scheiben geschnitten. Man gibt sie in eine sehr gut gefettete Reine und gießt so viel Milch oder auch etwas sauren Rahm darüber, daß sie bedeckt sind. Man brät sie im Rohr langsam zart gar.

Tatschnudeln

Sie heißen auch Dötsch- oder Dotschnudeln oder Erdäpfeldotschen und sind ein Lieblingsgericht im Oberpfälzer Wald und an der Niedernaab.
Gekochte, geschälte Kartoffeln werden gerieben; man kann zur Hälfte auch roh geriebene Kartoffeln daruntergeben. Etwas Salz, Pfeffer und nach Belieben ein wenig Majoran oder Muskat kommen dazu; dann formt man kleine Nudeln daraus und brät sie in einer Reine mit genügend Fett im Rohr schön goldbraun. Zuletzt gießt man etwas Milch oder Rahm darüber und läßt diese noch etwas anbrutzeln und dabei bräunen. Das Ganze ist mit Sauerkraut oder Kompott ein komplettes Mittagessen oder eine feine Beilage zu Braten.

Knödel – eine runde Sach'

Knödel werden meist als bayrische Hauptspeise, ja als Synonym bajuwarischer Kulinaria und Lebensweise angesehen, was insofern ein Irrtum ist, als der Knödel nicht etwa eine speziell bayrische, erfundene Speise, sondern das Ergebnis ältester Eß- und Kochmöglichkeiten darstellt. Man kannte ja in alten Zeiten weder Tischmesser noch Gabeln und hat schlichtweg mit den Händen gegessen. Wo nun niemand da war, das Fleisch, wie am Tisch der sehr dünnen Oberschicht, kunstvoll zu tranchieren und anzubieten, da mußte man die Speisen zu Brei, zu einer Art Ragout oder auch zu geballten Kugeln formen, die man dann gekocht, gebraten oder in Schmalz gebacken hat. Daraus sind weltweit Knödel geworden, die in jedem Land anders heißen und auch verschiedenen Inhalts sind. Aber Knödel in unserm Sinn allemal, ob nun aus Fleisch, Fisch oder Gemüse, Brot oder Getreide. Sie heißen dann englisch »ball« oder französisch »quenelles«, tschechisch »knedlicky«, schwedisch »Boller«, italienisch »ghenedeli« oder »gnocchi«, woraus wieder unsere Nokkerln wurden. Selbst in Deutschland heißen sie Knetl, Kniala, Knudel, Klöß, Kließla, Gliesel, aber auch Knöpf, Knöpfle, Knötelein, Klums, Klüte, Keulchen, je nach Gegend, Dialekt und Tradition. Immer aber sind es Knödel, die in Bayern ihre spezielle Heimat gefunden haben und die im Bürger- wie im Bauernhaus bis vor nicht allzu langer Zeit täglich aufgetischt worden sind.

Semmelknödel

Sie kommen in vielen altbayrischen Familien auch heute noch täglich auf den Tisch. Es handelt sich dabei nicht wie böswilligerweise manchmal behauptet wird um feste Knollen, sondern um zartweiche, flaumige Gebilde, die man nicht schneiden, sondern nur mit der Gabel locker auseinandertrennen darf, denn es heißt:

Wer einen Knödel schneidet,
ist ihn nicht wert.

Der Knödel ist, gerade weil er so alltäglich ist, in Altbayern ein Maß für die Leistungsfähigkeit im Fressen. Bei einem Knödelwettessen hat es jedoch ein Meister in dieser Kunst einmal auf 21 handfeste Knödel gebracht und dann gefragt, was es denn jetzt noch gäbe, denn Knödel allein . . . Hier ein gültiges Semmelknödel-Rezept:
6–8 Semmeln, am besten altbackene, werden fein aufgeschnitten, wenn man es nicht vorzieht, das Knödelbrot schon geschnitten beim Bäcker zu kaufen. Man übergießt es mit etwa ¼ l kochender Milch und deckt die Schüssel zu, damit das Brot im Dampf durchweichen kann. Es darf aber nicht zu naß werden! In der Zwischenzeit schmort man in einem Stückchen Butter oder Butterschmalz etwas geriebene Zitronenschale sowie gehackte Zwiebel und Petersilie. Man gießt diese Masse über das Brot, fügt 1–3 Eier, Salz und nach Belieben 1 Eßlöffel Mehl dazu. Dann vermengt man das Ganze locker mit der Hand, ohne zu kneten, und formt mit nassen Händen gleichmäßige, schön runde Knödel davon. Sie werden in Salzwasser leise ziehend gekocht, bis sie schwimmen und tanzen, also etwa 8–10 Minuten.

Schinkenknödel

Das sind richtige Semmelknödel (Rezept siehe oben), die mit 100–250 g gewiegtem Schinken oder G'selchtem und viel leicht angebräunten Zwiebeln vermischt werden.

Gekrönte Häupter

(Niederbayerische Handschrift, 1850)

Es werden einfache gute Semmelknödel gemacht, in Wasser gekocht, mit einem Schaumlöffel herausgenommen, in der Mitte auseinandergeschnitten, schön auf einer Platte angerichtet und mit in Butter gelb gerösteten Semmelbröseln aufgeschmolzen. Man gibt sie zu Sauerkraut an Fasttagen und auch zu in Butter gekochten Schwämmen und Edelpilzen (Champignons).

Leberknödel

Leberknödel sind trotz der reichlich enthaltenen Leber nicht etwa ein Gericht für sich, sondern eine Beilage zu einer schönen Platte voll Schweinernem oder zu Speck und Kraut. Da kennt der Bayer nix! Er läßt sie höchstens noch als Suppeneinlage gelten.
Der Leberknödel wird wie der Semmelknödel, aber mit reichlich Zwiebeln zubereitet, nur werden die Semmeln knapper aufgegossen und dafür mit der von allen Sehnen und Häuten befreiten, geschabten, gemixten oder durchgedrehten Leber vermengt. Auf 6–8 Semmeln gibt man Salz, Pfeffer, Majoran oder Thymian und bis 250 g Leber. Teurer und deshalb wahrscheinlich auch feiner ist dabei Kalbsleber; von pikanterem Lebergeschmack, besser in der Farbe, weil dunkler und auch preiswerter ist Rindsleber. Auch genügend Geflügelleber oder die entsprechende Menge geschabte Milz sind gut. Der Teig darf etwas weicher sein, weil die Leber anzieht.

Gebackene Leber- oder Milzknödel

Die mit geschabter Leber oder Rindsmilz nach dem vorhergehenden Rezept gemachten Knödel werden in heißem Schmalz 8–10 Minuten goldbraun gebakken, abgetropft und in einer gut gewürzten Fleischbrühe noch einmal 10 Minuten gekocht. Diese gebackenen Knödel gehören in eine Hochzeits- oder sonstige Festsuppe. Man kann sie auch mit Salat als Abendessen reichen.

Der Lebaknödl und der Fastnknödl, ja
die ham si net vertragn – da
hat der Lebaknödl an Fastnknödl
vom Tisch abag'schlagn.

Gulaschknödel

Das sind Semmelknödel, die mit einem Rest von klein geschnittenem Gulasch gefüllt werden. Man macht sie etwas größer, damit die Fülle Platz hat und auch, damit man sie gut schließen kann. Anstelle von Gulasch kann man auch Gansjung oder ein Gemisch aus gerösteten Semmel- und Käswürfeln mit Petersilie hineinfüllen.

Hüthes oder Fränkische Knödel

Diese Knödel haben eine nette Vorgeschichte: In ein Wirtshaus im Fränkischen kam einst ein sehr hungriger Fuhrknecht und verlangte herzhafte Knödel. Er hat sie zu hastig gegessen und wäre beinahe daran erstickt. Der Wirt in seiner Hilfsbereitschaft und Not lief auf ihn zu, klopfte ihm auf den Rücken und schrie immer: »Herr behüt uns, Herr behüt uns«, um ein Unglück abzuwenden. Seither heißen die Knödel »Herr-behüt-es-(uns)-Knödel«, abgekürzt Hüthes. Die Knödel haben aber nicht nur ihren originellen Namen, sondern auch eine originelle Form. Sie sollen nämlich nicht rund, sondern länglich-eckig sein. In Oberbayern sind sie rund und heißen »Brockerlknödel«.

Für sie rührt man einen weichen Teig aus 4 Eiern, etwas Milch und Mehl an, wie etwa zu einem Pfannkuchen. Daran gibt man die gerösteten Würfel von 4–5 Semmeln und läßt den Teig eine Weile ziehen, bis er so fest geworden ist, daß man große, wie schon erwähnt eckige, rupfige Knödel davon formen kann. Sie werden in Salzwasser gekocht, abgetropft und dann mit heißer brauner Butter übergossen. Herr behüt uns!

Grießknödel

Von ihnen sagt der Volksmund: »Leut' gibt's wie Grießknödel, bloß net so rund.« Besagte Knödel sind nämlich ein bißl »letschert« (weich im Charakter).

Für den Knödelteig kocht man rund 150 g Grieß in ½ l Milch ein, salzt, pfeffert, fügt reichlich Muskat und Petersilie daran und läßt den Teig erkalten. Dann schlägt man 2–3 Eier darunter, formt Knödel und gibt in die Mitte geröstete Brotbröckerl. Unter diese Grießknödel kann man außerdem noch Speckwürfel, Grammeln (Grieben), gewiegten Schinken oder Käswürfel geben. Die Knödel müssen 25–30 Minuten langsam kochen. Sie schmecken gut zu Gulasch, Ragout, Gansbraten, Rahmschlegel, Wild und anderem würzigen Soßfleisch.

Knödelg'sangl:

Der oa Knödl fangt zum Siaden o
und der ander Knödl siadt scho,
da schaut der oa Knödl den andern o,
weil's der so guat ko.

Münchner Reisknödel

Etwa 2 große Tassen kalten gekochten Reis bindet man mit 2–3 Eßlöffeln Mehl und der schaumig gerührten Masse aus 125 g Butter oder erwärmtem Knochenmark und 2–3 Eiern. Man würzt mit Salz, Majoran, etwas Muskat und Pfeffer sowie Petersilie, gibt 250 g fein gewiegtes Rauchfleisch dazu und formt Knödel daraus. Man kocht sie vorsichtig in Salzwasser; zweckmäßig ist es, zuerst einen Probeknödel einzulegen.

Hochzeitsknödel

Der Name dieses Knödels besagt schon, daß es sich um etwas sehr Gutes handeln muß, denn bei Hochzeiten geht's bekanntlich hoch her.

Für den Riesenknödel werden 50 g Butterschmalz, 3–4 Eier, etwas Salz und Muskat schaumig gerührt. Daran gibt man 150 g fein geschnittenes mageres Rauchfleisch, 150 g geriebenen Käs, 150 g ausgedrücktes und fein geschnittenes Sauerkraut sowie 5–6 kleinwürfelig geschnittene Semmeln. Nach kurzem Quellen wird der Teig in eine naß gemachte Serviette oder, was moderner ist, in ein großes Stück Alufolie gewickelt. Man schließt die Hülle und kocht dann den Knödel in Salzwasser schwimmend gut ½ Stunde. Er wird oben aufgerissen und mit brauner Butter übergossen. Man kann auch gebräunte Brösel mit Zwiebelringen darauf geben.

So ein Knödel lohnt es, daß man sich schnell einen Hochzeiter sucht. Wenn man das nicht vor hat, kann man die Knödelmasse auch in einer Auflaufform backen.

Kartoffelknödel

Kartoffelknödel gehören ihrer Gestalt nach hierher zu den Knödeln, dem Inhalt nach aber zu den Kartoffeln. Sie sind im Verhältnis zu anderen Knödeln eine junge Errungenschaft, denn sie werden erst um 1800 erstmals in Kochbüchern erwähnt. Sie kommen aus dem Norden und haben dabei in der Oberpfalz lang Station gemacht, bis sie südlicher vorgedrungen sind. Erst die zwei großen Kriege und die Flüchtlinge haben sie bei uns heimisch gemacht. Da gibt es riesengroße und kleine, glatte und rauhe, seidene und halbseidene Knödel, Ritschiknödel, Kniala, Kleß und sonst noch allerhand. Wer sie gern ißt, aber die Kartoffeln nicht mühsam reiben mag, der kann gradso gut bayrisch essen, wenn er Packerlknödel kocht. Man kennt sie fast nicht weg von selbstgemachten und kann aus vielerlei Sorten wählen. Sie lassen sich mit Semmelbrockerln oder Käswürfeln, mit Speck oder Grammeln füllen oder mit Kräuteln, Reherln, Kren oder Paprika kräftig würzen.

Nockerln, Spätzle und andere Soßenschlucker

Nockerln sind eine bayrische Spezialität. Italienische Bau- und Ziegelarbeiter, Künstler und Reisende hatten sie ursprünglich mitgebracht, und so wurden aus ihren »gnocchi« unsere gemütlichen Nockerln. Es gibt sie klein in die Suppe und groß als Soßenschlucker zum Braten. Und eine Nocken war auch gemeint, als folgendes geschah:

An einem frühen Februarmorgen, also in der Faschingszeit, kam ein fröhlicher »Maschkera« nach Hause gewankt. Dabei begegnete ihm eine frühe Betschwester, die eben auf dem Glatteis ausgerutscht war. Der hilfreiche Hanswurscht oder Türke, Spanier oder Damische Ritter eilte freundlich herzu, sie aufzuheben. Da schreit sie mit spitzer Stimme: »Weiche von mir, du Satan!« Woraufhin er ganz gemütlich sagt: »Na, dann bleibst hocken, du himmlische Nokken.« Das war eine sogenannte »fade Nocken«, wie man zu Spielverderbern sagt.

Überbackene Grießnocken

Dicker, gut mit Salz und Muskat oder Pfeffer gewürzter Grießbrei wird 1–2 cm hoch auf ein nasses Brett ausgegossen, glatt gestrichen und nach dem Erkalten in Karos geschnitten. Diese legt man wie Dachschindeln in eine gut gebutterte feuerfeste Form, streut geriebenen Käs darüber und bäckt sie im Rohr schön goldbraun. Diese Beilage zu allerhand Braten kann sich sehen lassen.

Große Grießnocken

Sie gehören zu Gansbraten oder Wild. In 1 l gewässerter Milch kocht man 250–300 g Grieß dick ein und würzt pikant mit Salz und Pfeffer, reichlich Muskat, fein gehackter Petersilie, etwas Parmesankäse und einigen Tropfen Suppenwürze. Man gibt 2–3 Eier darunter, knetet die Masse durch und formt mit nassen Händen große längliche Nocken so, als ob man ein Hühnerei langziehen wollte. Diese Nocken werden in Salzwasser gekocht, bis sie schwimmen und tanzen. Man tropft sie dann ab und bringt sie mit brauner Butter oder braunen Zwiebelringen übergossen zu Tisch.

Lebernocken

Ein Stück Butter rührt man mit etwas Salz, Pfeffer, geriebener Zitronenschale, Majoran und 2 Eiern recht gut durch. Daran gibt man 250 g durchgedrehte Rindsleber, 100 g Speckwürfel, etwas gehackte und in Butter gedämpfte Zwiebel, Petersilie und so viel Brösel, daß ein weicher Teig entsteht. Man läßt ihn eine Weile quellen, sticht mit einem Löffel halbgroße Nocken aus und kocht sie in Salzwasser gar. Sie sind eine sehr gute Beilage zu Gemüse, gelten aber auch als selbständiges Gericht, wenn man braune Zwiebelringe darüber streut und Salate dazu gibt.

Kasnocken

Hier ein Holzknechtsrezept aus der Ruhpoldinger Gegend: Aus Mehl, Salz und Wasser bereitet man einen zähen, recht glatt geschlagenen Spätzleteig, der durch ein groblochiges Sieb in kochendes Wasser gegeben wird. Die aufgekochten Nocken werden sehr gut abgetropft, in Butterschmalz durchgeröstet und dann mit »Suppenkas« durchstreut. Suppenkas ist selbstgemachter Bauernkas aus gereiftem Topfen. Man kann aber auch geriebenen Hartkäse verwenden; er muß lange Fäden ziehen.

Lieber schon z'viel
als wie wenig und schlecht,
gibt a richtiges G'spiel
und is jedermann recht.

Bavesen

Die in der bayrischen Luft weich gewordenen Bavesen (aus dem italienischen »pavesa« = Schild, denn sie sind ja schildförmig) sind gefüllte Weißbrotschnitten, die, ob klein in der Suppe oder groß als Beilage, ja sogar süß und mit Zwetschgenmus gefüllt, immer sehr beliebt und eine typische bayrische Angelegenheit sind.

Man schneidet Weißbrotschnitten entsprechend groß oder klein zu Scheiben, Karos oder Rauten und beträufelt sie mit Milch oder taucht sie kurz darin ein, bestreicht sie dann auf einer Seite mit Ei und darüber mit der vorgesehenen Fülle. Dann deckt man sie mit einer zweiten Brotschnitte zu, drückt sie leicht an und wendet sie nun in Ei und Bröseln. Man bäckt sie in der Pfanne doppelseitig goldgelb oder läßt sie schwimmend in Schmalz bräunen. Die Bavesen werden entweder in die schon angerichtete Fleischbrühe oder als Beilage zu Gemüse gegeben oder mit Zimt-Zucker überstreut als Mehlspeise aufgetischt.

Leber-Bavesen

125–150 g Kalbs- oder Rindsleber werden fein geschabt und mit geriebener Zwiebel und Zitronenschale sowie gehackter Petersilie in Fett kurz durchgeschmort. Man stäubt ganz wenig Mehl darüber, gießt mit wenig Wasser auf und würzt pikant mit Salz, Pfeffer sowie Majoran. Die Masse wird, wie in dem Rezept auf Seite 97 beschrieben, in das Weißbrot gefüllt; dann werden die Bavesen fertig gemacht. Sie sind ein beliebtes Zwischengericht nach der Suppe und vor Fisch und Braten bei großen Essen.

Milz-Bavesen

Man bereitet sie wie Leber-Bavesen aus einer Kalbsmilz oder 125–150 g Rindsmilz und mit Thymian und viel Zitronenschale.

Hirn-Bavesen

Das Hirn wird gekocht, gehäutet und klein gehackt. Sonst wie Leber-Bavesen und mit Muskat und viel Petersilie oder Dill zubereiten.

Spinat-Bavesen

Gekochter, gehackter Spinat wird mit etwas gewiegtem Schinken oder Speck angechmort und weiter verwertet wie bei Leber-Bavesen angegeben.

Sterz oder Türkenwoaz (Polenta)

Dieser dick gekochte, goldgelbe Brei aus Maisgrieß (Türkenweizen) wird auch Polenta genannt. Er kam mit nach Bayern, ist aber heute leider vielfach abgetan, obwohl er eine wohlschmeckende Sache ist, wenn man genug braune

Butter darüber gießt. Der Maisgrieß wird in Salzwasser unter kräftigem Rühren dick eingekocht, eine Weile gut ausgequollen und als dicker, gestürzter »Sterz« (Klumpen) mit heißen Grammeln (Grieben) oder mit brauner Butter aufgetragen. Eine gute Beilage zu Rahmgulasch, Wild, Wildgeflügel und anderem Soßfleisch, die heute wieder recht modern geworden ist, weil es aufbereiteten Maisgrieß in Packungen gibt, der nur noch wenige Minuten quellen muß.

Moare Zelten

Diesem urtümlichen Begriff bin ich mit Geduld, Spürsinn und Phantasie nachgegangen, denn es war nicht leicht, das noch dazu verschieden ausgesprochene Wort »moar« zu definieren. Es muß von mürb kommen. Und die »Zelten«, das alte Wort für Kuchen, das noch im »Lebzelter« nachklingt, werden durch Zugabe von saurem Schmalz ja auch schön mürb. Es handelt sich also um eine Art von Pastetchen, die in alten Zeiten sowohl im Hochgebirge wie im Bayerischen Wald aus einfachsten und auch in der Einsamkeit vorhandenen Zutaten zu machen waren.
Die Moaren Zelten sind eine recht gute Sache; sie taugen als Soßenschlucker und Beilage zu einem feinen Braten. Man verknetet für sie 250 g Mehl mit saurem Schmalz oder Rahm und 2 Eiern und würzt mit Salz und Kümmel. Damit der Teig gut lockert, kann man 10 g aufgelöste Hefe oder ½ Packerl Backpulver hinzufügen. Der halbfeste Teig wird dicklich ausgewellt, in Karos oder Rechtecke geschnitten und auf gefettetem Blech hell ausgebacken.

Spätzle

Etwa 350 g Mehl verschlägt man mit soviel Milch, daß ein zäh-fester Teig entsteht. Man gibt Salz und 2–4 Eier dazu und schlägt nun den zäh-fließend gewordenen Teig so lange kräftig durch, bis er Blasen wirft, seidig glänzt und glatt ist. Von diesem Eierspätzleteig schneiden Schwäbinnen mit dem Messer schmale Spätzle vom immer wieder naß gemachten Brettchen in kochendes Salzwasser. Die Altbayerin treibt den Teig durch ein großlochiges Sieb; dann werden kleine runde Spatzen oder Knöpfle daraus. Sobald sie im Topf oben schwimmen, sind sie fertig. Nach alter Methode werden sie (huh!) kalt geschreckt, abgetropft und in wenig Fett wieder erhitzt. Warum eigentlich? Viel besser sind sie und weniger Arbeit machen sie, wenn man sie in einem großen Durchschlag rasch gut abtropfen läßt, in die heiße Servierschüssel gibt und wenig warm gemachte Butter darüber gießt.

Kässpätzle

An fertig gekochte Spätzle, wie vorher beschrieben, gibt man etwas heiße Butter und reichlich geriebenen Käs. Die Spätzle müssen schnell und heiß aufgetragen werden, sonst verwickeln sie sich in tausend Käsfäden. Aber sie schmecken gut.
Weitere Variationen für diese köstlichen Spätzle, die in allen Soßen so gut schmecken, sind in Butter gebräunte Zwiebel, geröstete Kartoffeln, was besonders einen Spätzlerest streckt, aber auch gedünstete Schwammerl, Paprikaschnitze, gebratene Geflügellebern, Leberkäswürfel oder Kräuteln.

Maultaschen

Aus etwa 300 g Mehl, Salz, 2–3 Eiern und wenig Wasser verknetet man einen strengen Nudelteig, walgt ihn dünn aus und radelt Rechtecke oder runde Fladen aus. Inzwischen hat man 500 g Spinat und 1 großes Büscherl Kräutel oder Sauerampfer gekocht, abgetropft und gehackt. Man mischt 3–4 Eßlöffel geriebenen Käs oder Topfen, 2 Eier, Salz, Pfeffer, gehackte Zwiebel und etliche Brösel darunter und gibt davon je 1 Löffel voll auf die Teigflecke. Sie werden gut geschlossen, wobei man die Ränder mit Eiweiß bestreicht und zudrückt. Dann kocht man sie in Salzwasser etwa 20 Minuten, siebt sie heraus und gibt sie mit brauner Butter oder Bröseln oder geschmälzten Zwiebelringen übergossen oder mit Käs bestreut zu Tisch.

Grammel-Maultaschen

Maultaschen, gebietsweise auch »Reinfleck« benannt, sind eine nicht ausgesprochen bayrische, sondern mehr eine allgemein süddeutsche Angelegenheit. Sie können aus einfachem Nudelteig oder aus Kartoffelteig bestehen und süß oder pikant gefüllt, dann gekocht oder gebraten – oder beides – werden. Der vorher beschriebene Teig wird ausgewalgt und zu Rechtecken oder Karos geschnitten. Man gibt Grammeln (Grieben) und braune Zwiebeln hinein, klappt die Taschen zu, drückt die Ränder fest und kocht sie in Salzwasser, tropft sie ab und kann sie noch in der Pfanne goldbraun backen. Die nur gekochten Maultaschen werden abgetropft und mit brauner Butter und Zwiebelringen übergossen.

Fleischdampfnudeln

Der Hefeteig wie zu Dampfnudeln (siehe Seite 108) wird zu Nudeln ausgedreht. Man füllt sie mit einem nicht zu dünn gehaltenen Gemisch aus gehackten Fleischresten, etwas übriggebliebener Soße, 1 Ei, gerösteten Zwiebeln, Gewürzen und Bröseln. Die gut geschlossenen Nudeln werden in Milch und Schmalz genauso herausgebrutzelt wie die süßen Dampfnudeln.

Bauchstecherl

Anderwärts nennt man sie auch »Bauchzweckerl«. Es sind kleine, feste Mehlnudeln, die gekocht werden. Man hat sie früher in einfacher Form auch roh zum Gänsestopfen verwendet. Weil sie also ziemlich sättigend den Bauch stechen, wurden sie zutreffend so betitelt. Es handelt sich um einen nicht zu festen Nudelteig aus Mehl, Eiern, ein wenig Butter und Salz, aus dem man kleine, knapp fingerlange Nudeln dreht, die in Salzwasser gekocht, abgetropft und dann mit brauner Butter übergossen oder mit Käs und Petersilie überstreut werden. Sie schmecken gut zu Gulasch und anderen soßigen Gerichten. Man kann sie aber auch in Milch kochen und süß als Mehlspeise verzehren.

Grüner Pfannkuchen von Kräuterwerk

(Originalrezept aus »Altadeliges Bayer'sches Koch- und Konfektbuch« der Gräfin zu Portia, 1837)

Nimm Petersilie, Kernl- und Peterskraut, junge Zwiebel, etliche Spinatblätter, 1 oder 2 Salbeiblätter, je nachdem man es groß haben will, viel oder wenig; hacke alles klein untereinander, röste alles in Butter, und röste 1 oder 2 Löffelvoll Semmelbrösel, hernach gieße man 1 oder 2 Löffelvoll süßen Milchrahm daran, und zwei ganze Eier; dann muß man's salzen, nimm auch Butter, gieß sie in ein Pfändl oder in einen kupfernen Tortenmodel, und back's hernach in einer Tortenpfanne, oder auf einer kleinen Glut.

Käspfannkuchen

4–5 Eier, 1 kleine Tasse Milch oder Buttermilch, 150–200 g grob geraspelter Emmentaler, 1–2 Eßlöffel Mehl, Salz, Paprika und fein gehackte Petersilie verschlägt man sehr gut und gießt die Masse auf einmal in eine kleine Pfanne mit genügend und recht heißem Fett. Wenn der Teig unten angebacken ist, schiebt man die Pfanne kurz bei Oberhitze ins Rohr, bis die Oberschicht fest, aber nicht braun ist. Dann klappt man den dicken Pfannkuchen zusammen, schneidet ihn in breite Stücke und gibt ihn als Beilage oder mit Salat schnell auf den Tisch.

G'röste Milchnudeln

In eine Reine oder feuerfeste Form gibt man 100 g Butter und verteilt darauf 250 g ungekochte Bandnudeln. Sie werden unter mehrmaligem Umdrehen goldgelb geröstet und dann mit so viel Milch aufgegossen, daß sie gerade bedeckt sind. Darin kocht man sie 25–30 Minuten gar; sie müssen alle Milch geschluckt haben. Wer die Nudeln süß will, zuckert die Milch, andernfalls gibt man etwas Salz und Muskat daran.

10 gute Soßen

Wenn es stimmt, daß Kleider Leute machen, dann kann man dies auch auf die Küche übertragen: Soßen machen Speisen! Die Auswahl hier ist zwar gering, aber es sind Rezepte, die wenig bekannt sind und mit den auch sonst üblichen zusammen bringen sie ganz schön Abwechslung in unsere Küche.

Aus den wenigen Anweisungen ist zu ersehen, daß sie nicht so sehr der klassischen Küche angehören, als vielmehr ein Beweis reger Phantasie sind. Der beim Braten oder Dünsten von Fleisch, Fisch und dergleichen entstehende, heute als Grundsoße betrachtete Extrakt ist, vom Kochtechnischen her gesehen, noch gar nicht so alt. Erst seitdem es etwa zu Anfang des verflossenen Jahrhunderts den geschlossenen Herd gibt und man nicht mehr auf den Bratspieß angewiesen war, konnte sich eine gewisse Soßenkultur entwickeln. Bis dahin gab es meist unabhängig vom Braten eigens zubereitete, vielfach süßsaure Soßen, in Altbayern »Eintauch« genannt. Und um solche handelt es sich auch hier; sie sind ja auch als Kontrast zum üblichen, wenn auch noch so gut gewürzten Braten um ein Gutteil interessanter, als die von der Speise abgeleitete Eigensoße.

Bamberger Kren

Bamberger »Krenweibla« laufen mancherorts heute noch von Haus zu Haus in ihrer hübschen Tracht und mit dem weiten Henkelkorb voll Meerrettich, eben dem Kren. Auch getrocknete Gewürze aus der eigenen Produktion haben sie anzubieten, denn die Bamberger sind Gemüsebauern, die im Sommer schwer auf ihren großen Zwiebel-, Kraut- und Krenfeldern arbeiten und im Winter mitunter auch noch hausieren gehen – soweit sie nicht schon genossenschaftlich vereinigt und zu großen Verkaufsorganisationen zusammengeschlossen sind. Schade, da damit wieder ein Stück volkstümlichen Brauches und farbenfroher Erdnähe untergeht.
Aber der Kren bleibt in der Küche. Er wird geschält, fein aufgerieben und mit geriebenem Apfel, etlichen Bröseln, Salz, ein wenig Zucker und dickem Rahm oder nur mit ungesüßtem, steifem Schlagrahm und Salz vermischt. Eine feine Beilage – halb Creme, halb Soße – zu gekochtem Rindfleisch, zu fettem Schweinsbraten, zu Würsteln, Karpfen und anderen gebackenen Fischen.

Haselnuß-Kren

Ein Stück geschälten und frisch aufgerissenen Meerrettich vermengt man mit gleich viel gerösteten und dann fein geriebenen Haselnüssen und gibt 1 Tasse recht steif geschlagenen, aber nicht gesüßten Schlagrahm darunter. Die Creme wird mit wenig Salz, etwas Zucker und Muskat nachgewürzt. Der Kren schmeckt ausgezeichnet zu jeder Art von Fisch, aber auch zu Schinken und kaltem Fleisch.

Wiener Krensoße

Aufgeriebener Kren wird mit 1–2 aufgerissenen Semmeln in gewässerter Milch gekocht. Man verschlägt die Soße mit dem Schneebesen und würzt sie mit Salz, Pfeffer, Suppenwürze und nach Belieben mit etwas Essig oder Petersilie.

Altmühltaler Lebkuchensoße

Das schöne Altmühltal, nördlich der Donau bei Kehlheim, ist so beachtenswert und weiten Kreisen dennoch so unbekannt wie seine Soße. Dabei wären es beide wert, daß man sie einbezöge in die Reihe der geschätzten Genüsse. Für die Entdeckungsreise fährt man von Kelheim aus nach dem entzückenden Riedenburg ins schluchtartig enge, romantische Altmühltal.

Für die Soße werden 2 Eßlöffel Mehl mit 2 Eßlöffeln Semmelbrösel in reichlich Butter gebräunt. Man gießt mit Fleischbrühe auf, läßt gut verkochen und gibt nun ein ordentliches Stück geriebenen Lebkuchen, etwas Essig, 3–4 klein geschnittene Dörrzwetschgen oder auch 1 Eßlöffel gewiegte Rosinen, etwas Zitronen- und Orangenschale, Salz, Muskat, Pfeffer, 1 gute Prise braunen Zucker, Zimt, Nelken und 1 Lorbeerblatt daran. Diese sehr pikant und rasant abgeschmeckte Soße wird gut durchgekocht und dann durch ein Sieb gegeben. Sie paßt vorzüglich zu Rindfleisch und ist sicherlich ein Überbleibsel mittelalterlicher Kochkunst, bei welcher ein oft krasser Gegensatz zwischen süß und sauer eine große Rolle spielte.

Brotsoße zu Wildpret

Ein Stück Schwarzbrotrinde wird im Rohr trocken noch mehr braun geröstet, ohne daß es bitter wird. Man kocht es in 1 Glas Weißwein und wenig Wasser weich und verschlägt es glatt. Daran gibt man etwas Wildpretsoße, ein Stück Butter, Salz, Pfeffer, Muskat, ganz wenig Zucker und Zimt, etwas Zitronensaft und ein Stückchen fein gehacktes Zitronat. Die Soße soll halbdick sein und sehr würzig schmecken.

Wie da Bua zu sei'm Madl
g'hört d'Soß zu am Bratl.

Saure Kapernsoße zu Braten

An eine kleine gelbe Schwitze aus 2 Eßlöffeln Butter, 1 Eßlöffel Mehl, Wasser und Weißwein gibt man ½ fein gehackte Zwiebel, Salz, Pfeffer, etwas Muskat, 1 Lorbeerblatt, etwas Basilikum und Majoran, je 1 Eßlöffel gehackte Kapern, Gewürzgurke, Sardellenfilets und Oliven. Man kocht gut durch und würzt mit Zitronensaft, etwas Zucker und, wenn möglich, noch mit abgetropftem Pilzsaft oder mit vorgeweichten und gehackten Trockenpilzen nach. Die Soße soll gut süßsauer und halbdick sein.

Dill-Rahm

Über Spargel, Schwarzwurzeln, in alter Zeit »Scorzoner« genannt, über zarte Zuckererbserln, Mais und dergleichen schmeckt diese einfache Soße ausgezeichnet. Sie besteht nur aus leicht erwärmtem süßen Rahm, wenig Salz und gehacktem Dill oder anderen beliebigen Kräutern.

Saure Rahmsoße mit Kapern

(Originalrezept aus »Die baierische Köchin in Böhmen« von Anna Maria Neudecker, 1826)

Es werden ein paar Löffel voll Mehl mit Butter oder Fett bis zum Gelblichtwerden eingebrennt, dann ein wenig klein geschnittene Zwiebeln, ein Mäßl saurer Rahm und vier Loth Kapern daran gegeben. Will man diese Soße über gebratene Hasen oder Kalbskeulen geben, so gibt man die Soße vom Braten oder Gedünsteten darein, läßt sie damit gut verkochen, und gibt sie bey dem Anrichten darüber. Sie kann auch mit etwas Limoniensaft oder Weinessig gesäuert werden; Pfeffer oder Nägerlgewürz kann man nach Belieben nehmen.

Mehlspeisen zum Sattessen

Früher wurde nur zu allen heiligen Zeiten Fleisch gegessen, denn es gab gar nicht genug Vieh und wenn, trotz der niederen Preise, nicht genug Geld. Die Fastentage obendrein haben noch mehr in Mehltruhe und Schmalztopf langen lassen, denn die Sau mußte ja zur rechten Zeit erst einmal fett werden. Das hat den Hausfrauen immer schon viele gute Ideen eingebracht, wie man g'standene Mannsbilder auch ohne den beliebten Ranken G'selchtes oder ein Trumm Wammerl zufriedenstellen konnte. Die Hühner haben ja fleißig gelegt, und der Garten hat noch das notwendige Obst geliefert.
Was infolge dieser Zwangslage heraus alles aus Mehl, Milch, Eiern und Schmalz fabriziert wurde, ist erstaunlich. Dabei muß man bedenken, daß auch die kochtechnischen Möglichkeiten noch recht beschränkt waren. Es gab ja bis zum Anfang des vorigen Jahrhunderts kein Backrohr, keine Signaluhr und keinen Thermostat. Und trotzdem haben die vielerlei Nudeln, haben Kinds-, Wein- oder Semmelkoch schöne buttrige Ramerl bekommen, und die Aufläufe sind hoch gestiegen; die Dampfnudeln waren duftig und der Schmarrn saftig. Dabei immer die gleichen Zutaten, aber eben doch allerweil was anderes.

Dampfnudeln (Aufgegangene Nudeln)

Es ist unglaublich, was man oft an Rezepten für diese urbayrische, saftige Mehlspeise lesen kann. Meist werden die Dampfnudeln in der Röhre braun gebacken; man verwechselt sie also mit ihren Stiefgeschwistern, den Rohrnudeln, denn wo bleibt da der Dampf? Ja, er muß schön im Tiegel festgehalten werden, damit die Nudeln gut aufgehen können.

Zuerst macht man einen sehr gut abgeschlagenen, halbfesten Hefeteig mit wenig oder gar keinen Eiern und auch wenig Fett und Zucker; das kommt später noch. Man rollt kleine Nuderln von Eigröße daraus und läßt sie in der Wärme, mit einem Tuch zugedeckt, fast doppelt so groß werden. Inzwischen kocht man in einem breiten niederen Topf mit einem sehr gut schließenden Deckel, eben besagtem Tiegel, reichlich 2-3 cm hoch Milch auf und gibt 1 Eßlöffel Zucker und einen richtigen Batzen Butterschmalz, noch besser saures Schmalz (den Rest vom Butterauskochen) hinein. In diese kochende Unterlage setzt man nun dicht nebeneinander die zarten Nudeln. Zwischen je zweien läßt man immer ein bißchen Milch eindringen, damit sie nicht zusammenkleben. Dann schnell den Deckel darauf und mit Gewichten beschwert! Nun müssen die Dampfnudeln etwa ¼ Stunde fest kochen. Hierauf stellt man sie auf schwächere Hitze und schmort sie fertig. Man hört es in dem Tiegel jetzt deutlich brutzeln und schmurgeln. Die Milch muß gut einziehen, und die Nudeln müssen am Boden bräunen, dürfen aber nicht anbrennen.

Was sich jetzt unten schön golden und saftig anbräunt, sind die so beliebten Ramerl oder Gackerl, die zwischen und unter den Nudeln geronnenen, rühreiähnlichen Milchflocken. Schon im Jahr 1618 erwähnt sie ein Kochbuch lobend als »Ayrmilch« (Coagulatio lactis).

Nach weiteren 10–15 Minuten sind die Dampfnudeln fertig. Man hebt den Deckel mit 3–4 kurzen Rucken, also zögernd und nicht gleich ganz auf, damit der Dampf nur langsam entweicht und die Nudeln nicht zusammensinken. Dann sticht man sie mit dem Scherrer (einem Eisenschäuferl) heraus, stürzt sie mit ihrer goldenen, saftigen Unterseite nach oben und serviert sie heiß mit einem warmen, gut süßen Vanille-Chaudeau (Soße). Ganz G'schleckerte geben

anfangs in die kochende Milch noch 2–3 aufgeschnittene Äpfel; sie machen die Dampfnudeln besonders saftig und fein.
Und wenn wir Kinder, hauptsächlich die Buben, bis zu 10 und noch mehr Dampfnudeln verdruckt hatten, dann stimmten wir wie Indianer heulend und springend das »Dampfnudellied« an:

Dampfnudel-nudel hamma gestern g'habt,
Dampfnudel-nudel hamma heit,
Dampfnudel-nudel hamma allawei
in E-wig-keit!

Rohrnudeln und Zwetschgennudeln

Sie sind, wie schon vorher erwähnt, Geschwister der Dampfnudeln. Man gibt die schön gegangenen Nuderln aber in eine offene Bratreine. Je mehr Butterschmalz hineingegeben wird, eine desto saftigere, goldenere Kruste bekommen die Nudeln.
Man kann sie auch mit reifen Zwetschgen füllen, deren Steine durch jeweils 1 Zuckerstückl ersetzt wurden. Das sind dann die berühmten Zwetschgennudeln, die man noch heiß ißt. Sie werden nach dem Gehen im Backrohr goldbraun gebacken, gestürzt und mit Zucker bestreut.

Butternudeln

Von 4–5 Semmeln schneidet man die Rinde weg, macht kleine Würfel daraus und übergießt sie mit 1 Tasse heißer Milch, noch besser mit Rahm. Nach dem Erkalten gibt man 3 Eier, ein Dampfl von 15 g in Milch aufgelöster Hefe, 3–4 Eßlöffel erwärmte Butter, Salz und etwa 250 g Mehl daran. Der Teig soll halbfest wie ein Hefeteig sein. Während er geht, läßt man in einer feuerfesten

Form mit Deckel, die nicht größer ist als der Teig, etwa 250 g Butter zergehen, ohne daß das Fett aber heiß werden darf. Man setzt dann aus dem gegangenen Teig mit einem Löffel abgestochene kleine Nudeln so nebeneinander hinein, daß immer etwas Fett dazwischen kommt und die Nudeln nicht zusammenkleben. Zuletzt bestreicht man sie auch noch oben mit Fett und bäckt sie in der Röhre knusprig goldbraun. Sie werden gestürzt und mit Zimt-Zucker aufgetragen.

Wie man aus den Zutaten ersieht, ist es eine recht fette, aber auch sehr wohlschmeckende Angelegenheit, die sicherlich aus dem Rezeptschatz für Fastenspeisen einer Klosterküche stammt.

Saure Rahmnudeln

(Originalrezept aus »Neuestes Augsburgisches Kochbuch«, 1840)

Es wird saurer Rahm nach Gutdünken in einem messingenen Pfännlein recht heiß gemacht, feines Mehl darein gerührt und unter stätem Umrühren gekocht, wie ein gebrühter Teig. Wann dieser Teig sich vom Löffel schält, wird er in eine Schüssel gethan, mit Eiern angerührt, bis er wie ein dicker Spazenteig ist. Dann wird er in siedende Milch, wie Spazen, eingelegt, worinnen man ihn kochen läßt. So kann man sie anrichten. Oder man bestreicht ein Becken mit Butter, gießt nur 2 Finger hoch siedende Milch daran, legt den Teig eben so darein, deckt das Becken zu, und ziehts zwischen unten und oben gelegten Kohlen auf.

Mit Maßangaben ins Moderne übersetzt, lautet das Rezept: ¼ l sauren Rahm erhitzen, Salz und 100 g Mehl auf einmal einrühren und weiter rühren, bis sich die kochende Masse um den Löffel ballt. Den Topf vom Feuer ziehen, einzeln und nacheinander 3–4 Eier einrühren und aus dem dicklichen Teig dickliche Spatzen abstechen. In Milch kochen oder in wenig Milch mit Butter zuerst zugedeckt, dann offen im Rohr backen.

Rupfhauben

Diese Mehlspeise mag aus Zeiten stammen, in denen es landauf, landab fast nur fleischlose Gerichte und auch wenig Gemüse gegeben hat. Die ewigen Nudeln werden einer phantasiebegabten Köchin zu fade geworden sein, und so hat sie aus Mehl und Milch einmal etwas Neues komponiert. Hier das Ergebnis:
Aus Mehl, Ei, Salz und wenig in Milch aufgelöster Hefe wird ein zarter Nudelteig gewirkt, zu kleinen Stückeln geschnitten und zu handtellergroßen dünnen Fladen ausgewalkt. Wenn aller Teig verarbeitet ist, läßt man in einem breiten Topf mit gut schließendem Deckel (wie bei den Dampfnudeln) 2 cm hoch Milch mit etwa 2 Eßlöffeln Zucker und einem schönen Stück Butterschmalz aufkochen. Man nimmt dann die Teigflecke in der Mitte hoch und stellt sie wie Hauben, also auf ihren gefalteten Rändern stehend, dicht nebeneinander in die Milch. Die heiße Luft unter der Haube treibt sie hoch, und wenn das Einlegen rasch geschieht und der Deckel bald darauf kommt, werden die Rupfhauben schön locker. Man bruzzelt sie auf mittelgroßer Hitze, bis die Milch und die Unterseite goldbraun sind. Zuletzt sticht man sie samt ihren goldenen Ramerln (Krusten) aus dem Topf und streut Zimt und Zucker darüber oder gibt eine heiße Rotweinsoße dazu. Sie müssen recht saftig sein.

Ofenschlupfer

4–5 alte Semmeln werden in Scheiben geschnitten und in eine gut gebutterte Backform oder Reine gelegt. Man bestreut sie mit Rosinen, gehackten Mandeln, Zucker und Zimt, verschlägt dann 1 Tasse dicken sauren Rahm mit 1–2 Eiern, etwas Zucker, Vanillinzucker, 1 Packerl Vanillesoßenpulver und etwas Muskat und gießt dies über das Brot. Der Auflauf wird in der Röhre bei guter Hitze goldbraun gebacken.

Reindling

Eine »Reine« ist eine Bratpfanne (die notfalls auch durch eine feuerfeste Form ersetzt werden kann). Und ein Reindling ist eine Hefemehlspeise, die in ebenbesagter Reine gebacken wird.
Zuerst bereitet man einen halbfesten Hefeteig, den man flach drückt. Darauf verteilt man dann entweder fein geraspelte Äpfel, Zucker, dicken Rahm und Rosinen oder gehackte Zwetschgen, Zimt und Zucker oder geriebene Haselnüsse, die mit Honig, gehackten Rosinen und Bröseln vermischt wurden. Man rollt den Teig lang auf und legt ihn wie eine Schnecke in die stark gefettete Reine. Gut mit Butter bestrichen oder noch besser mit gesüßtem, dickem sauren Rahm und 1–2 Eiern übergossen, wird der Reindling im Backrohr goldgelb gebacken. Er ist warm als Mehlspeise oder kalt als Kuchen zu essen.

Scheiterhaufen

Wie das Holz bei der »Hüaba« (Hiaba, Herberge), also die Holzscheiter, die zum bayrischen Bauernhaus gehören, so setzt man auch die Scheiterhaufen in der Küche. Es handelt sich um aufgerichtete Prügel, die in diesem Fall aus Semmeln und Apfelschnitzen bestehen. Man verwendet hierzu altbackene Semmeln oder Kuchenreste, schneidet sie in Streifen und gibt ebensoviel geschälte und entkernte Apfelschnitze daran. Wenn sie locker in die Reine oder Auflaufform eingeschichtet sind, übergießt man sie mit einem dicklichen Gemisch aus Rahm oder Milch, Eidotter, Eischnee, Rosinen, Zucker und Zimt, nach Belieben auch noch etlichen Mandeln, und bäckt sie im Rohr goldbraun aus.
Sprachlich wird das Holzscheit noch öfter verwendet. So ist es im Altbayrischen der Brauch, daß ein Bursch, der dem anderen beim Fensterln ins »Gäu« geht, sozusagen also in dessen Liebesrevier jagt, praktischerweise gleich mit einem der Holzscheiter, die hoch aufgerichtet am Haus lehnen, »heimgescheitelt« wird. Das ist nicht sehr freundlich, aber wirksam.

Weinstriezel

Aus großen Semmeln oder aus 1 Weißbrotwecken schneidet man lange, fingerdicke Striezel, die mit Milch befeuchtet werden. Man wendet sie in verschlagenem, gesüßtem Ei und bäckt sie entweder schwimmend oder zumindest in genügend Fett in der Pfanne goldgelb. Hierauf erhitzt man ¼ l Rotwein mit 1 Eßlöffel Zucker, etwas dünn geschnittener Zitronenschale, ½ Nelke, ein wenig Zimtrinde sowie 1 Gläschen Arrak und läßt die Striezel darin einmal aufkochen. Sie werden dann bergartig auf eine Platte gerichtet und mit dem Rest des Weins übergossen. Zuletzt streut man noch Zimt-Zucker darüber.

Zwetschgen-Bavesen

Wie Bavesen (siehe Seite 97), aber an Stelle von Fleisch bestreicht man die vorgeweichten Brotscheiben dick mit Zwetschgenmus, das nicht zu flüssig sein darf. Die Bavesen werden mit Zimt-Zucker oder Vanillinzucker überstreut.

Zwetschgenbavesen,
wo bist so lang g'wesen?
Im Himmel drei Wochen,
D'Magdalena tuat kochen!

Reisschnitten

An einen dicken Milchreis gibt man das Abgerührte von einem Stück Butter, genug Zucker und Weinbeerl, geriebene Zitronenschale, 3-4 Eidotter und den steifen Eischnee. Die Masse wird auf ein gut gebuttertes Randblech oder in eine feuerfeste Form 3–4 cm hoch eingefüllt, mit Butterflocken bestreut und im Rohr schön goldgelb gebacken. Man schneidet gleichmäßige Stücke davon. Diese Reisschnitten waren beim »Dampf« (Dreschen) in Niederbayern im Reigen der Küachlbacherei eine beliebte Zugabe zum Nachmittagskaffee und zum Abendessen und galten als Höhepunkt der kulinarischen Freuden.

Apfelknödel

500 g geschälte Äpfel werden ohne Kernhaus aufgerieben oder durch die Maschine gedreht. Man schmort sie mit etwas Butter in der flachen Pfanne rasch durch und gibt 200 g Semmelbrösel, 100 g Rosinen, 2 Eier, 3–4 Eßlöffel Zucker, etwas Zimt und 1–2 Eßlöffel Mehl daran. Aus der Masse, die eine Weile quellen soll, formt man Knödel, die leicht gemehlt und hierauf in siedendem Schmalz goldbraun gebacken werden. Es empfiehlt sich, zuerst einen Probeknödel zu machen; vielleicht braucht der Teig je nach Saftigkeit der Äpfel noch ein paar Brösel oder etwas Milch.

Altbayrisches Wickelmus

Die Grundlage für diese feine Mehlspeise ist ein sogenanntes »Kindskoch«, also ein durchgekochter Mehlbrei. Dazu rührt man 3 gehäufte Kochlöffel Mehl in etwas Milch an und läßt es wie einen Pudding in den Rest von insgesamt 1 l Milch dick einkochen. Man nimmt dann den Topf vom Feuer und fügt etwas Salz, Zucker, Zitronensaft und ein wenig Zitronenschale sowie 6 Eidotter hinzu; hierauf folgt der steife Eischnee. Man füllt die Masse auf ein gut gebuttertes Backblech mit hohem Rand und bäckt sie im Rohr schön goldgelb. Nun streicht man rasch eine pikante Marmelade darauf, rollt das Mus zusammen und richtet es, mit Zucker und Weinbeeren überstreut, auf einer Platte an. Nach Belieben kann man Vanillesoße dazugeben.

Münchner Rahmstrudel

400–500 g Mehl, 2–3 Eßlöffel Öl, etwas Salz und das nötige lauwarme Wasser verarbeitet man zu einem glatten halbfesten Nudelteig, der sehr gut durchgeknetet und geschlagen werden muß, damit er zart wird. Dann läßt man ihn ½ Stunde mit einer Schüssel bedeckt stehen und hobelt inzwischen etwa 1 kg geschälte Äpfel fein auf. Der Teig wird in 4–5 Stücke geschnitten und zu einzelnen hauchdünnen Blättern ausgezogen. Man beträufelt sie mit zerlassener Butter und kann auch etwas Topfen oder dicken sauren Rahm darüber geben. Darauf folgt eine dicke Schicht Apfelschnitze, dicker Rahm, Rosinen und Zucker. Der Strudel wird zusammengerollt und in eine Reine gelegt, in der bereits ein Stück Butter und 1–2 cm hoch Milch heiß gemacht wurden. Man bäckt ihn darin so lange, bis er goldgelb und die Milch eingebrutzelt ist. Dann wird der Strudel mit Hilfe eines Scherrers (Eisenschaufel) in großen Stücken aus der Reine genommen und mit Zucker überstreut auf die Platte gebracht. Er ist Mehlspeise und Kuchen zugleich.

Schmarrn

Der Schmarrn ist eine der ältesten bayrischen Mehlspeisen, aus dem urtümlichen Brei unserer Vorväter entstanden. Man macht ihn aus Mehl, Grieß oder Brot und variiert ihn mit Topfen oder mit Waldbeeren. Für die Fürstentafel des späten Mittelalters wurde er mit Mandeln und Cubeblein (Rosinen) verfeinert. Viel später erst kamen Zucker oder Zimt dazu.

Im Jahre 1620 heißt es in einem Kochbuch: »Mach' von weißem brot und butter ein Schmärrlein oder Gerösch«. Hier klingt schon das G'röstl an, ein zerstochenes und auf der Pfanne geröstetes Gemisch. Der Volksprediger Geiler von Kaisersberg (1445–1510) sprach von Klumpen, Brocken oder Bissen, wenn er Schmarrn meinte.

Man kennt verschiedene Schmarrnarten, die sogar zu einer Art Kuchen werden, so im Würzburgischen oder im Schwäbischen.

Das Wort Schmarrn hat im übrigen noch einen Doppelsinn: Man kann beispielsweise einen Schmarrn reden, also ein unzusammenhängendes, unsinniges Zeug. Noch weitere, oft nur lokal begrenzte Sprüche zeugen für die Alteingesessenheit dieser ebenso einfachen wie schmackhaften Mehlspeise.

Zu einem guten Schmarrn rührt man einen Pfannkuchenteig aus Mehl, Milch, Eiern, Salz und Zucker an und hält ihn ein wenig dicklich. Diese Masse gießt man nach etwa ½stündigem Quellen auf einmal in eine möglichst tiefe Eierkuchenpfanne mit genügend und recht heißem Fett. Der Teig muß zischen. Man läßt ihn unten anbräunen; dann sticht man ihn mit dem Scherrer, einer kleinen Eisenschaufel, um. – Diese ist in altbayrischen Küchen noch handgeschmiedet und ein Erbstück, also meist schon recht dünn, biegsam und abgerundet an den Ecken. Manchmal trägt sie noch das Monogramm der jungen Hochzeiterin von einst. – Der unten angebräunte Teig wird nun dauernd umgestochen, bis er allseits schön trocken und voller goldbrauner Ramerl (Krusten) ist. Wenn nötig, gibt man nochmals Fett, zuletzt am besten ein Stück Butter und etwas Zucker daran. Die Butter macht ihn »g'schmackig« (schmackhaft), der Zucker rasch braun. Zu trocken und dunkel darf der Schmarrn aber nicht werden. Jetzt schnell auf die Platte, Zucker drauf und ein Kompott oder frische Beeren dazu.

Kaiserschmarrn

Seine Herkunft ist umstritten. Die einen sagen, er habe ursprünglich »Kaserschmarrn« geheißen, also ein Schmarrn, wie man ihn im Kaser, in der Almhütte, auf einfachste Art zubereitet hat. Auch hier sind Anklänge an die älteste Breispeise der Menschheit zu finden, denn im Kaser heißt der Schmarrn heute noch »Muas« (Mus). Ein altes Ruhpoldinger Gstanzl beweist es:

Auf der Alm
macht d'Sennerin a Muas,
und weils koan Scherrer hat
rührt's um mit'm Fuaß.

Dieses »Muas«, auch Holzknechtschmarrn genannt, besteht nur aus Mehl, Wasser und Salz und wird mit viel Schmalz (ausgelassener Butter) zubereitet. Das viele Fett ist notwendig, damit die »Buam«, also die Senner, Jager und Holzhacker, selber »a Schmalz«, eine Kraft, kriegen. Wenn sie mit muskulösen Armen Bäume fällen oder auf die Felsen kraxeln, um ihr Vieh zusammenzusuchen dann brauchen sie schon allerhand Schmalz im doppelten Sinne.

Die zweite Herkunftsableitung des Kaiserschmarrn stammt aus der Zeit der Ischler Sommeraufenthalte von Kaiser Franz Josef I. Er liebte den Schmarrn seit seiner Jugend- und Jägerzeit, und da hat ihm eine österreichische »Möhlspeis«-Künstlerin einen zarten, eierreichen, goldgelb-butterigen Schmarrn von hohen Graden mit viel Zucker und Weinbeerl vorgesetzt, und seitdem heißt dieses gebackene Gedicht in ganz Süddeutschland eben Kaiserschmarrn.
Also wenig Mehl, viel Eidotter, Salz, Zucker und Eischnee. Das schaumige Teiglein kurz in Butter anbacken, rasch umstechen und mit Zucker und Rosinen bestreuen. Dazu eine feine Marmelade.

Apfelschmarrn

Für den Apfelschmarrn vermengt man den Schmarrnteig mit 2–3 geschälten und grob aufgewürfelten mürben Äpfeln. Der Teig samt den Äpfeln wird dann in die Pfanne gegossen, umgestochen und ausgebacken.

Zwetschgenschmarrn

Er wird sinngemäß mit halbierten, entsteinten Zwetschgen ausgebacken.

Ruhpoldinger Holzknechtschmarrn

Das war zwar der zutateneinfachste Schmarrn, aber deswegen noch lang nicht der schlechteste. Die zu früheren Zeiten die ganze Woche über hoch droben im Wald werkenden Holzknechte, die in selbstgebauten Rindenhütten übernachteten, haben ihn abends auf dem offenen Feuer selbst zubereitet. Natürlich haben sie alles, was dazu nötig war, am Montag früh hinaufgeschleppt: Mehl, Schmalz und Salz. Eier gab es nur, wenn eine hennenbetreuende Sennerin in der Nähe hauste. Die Holzknechte haben Mehl und Wasser, manchmal auch Milch, wenn besagte Sennerin nicht weit weg war, mit Salz dicklich verrührt

und diesen Teig in die tiefe, rußige Pfanne mit einer guten Lache heißem Butterschmalz laufen und anbräunen lassen. Mit dem Scherrer haben die groben Pratzen dann herumgestochert, bis ein goldbrauner, schmalzglitzernder, richtiger Schmarrn geworden war. Fett und sättigend, trotz seiner Einfachheit gut schmeckend, hat er schön vorgehalten. Und so mancher Holzknecht ist dabei zum echten Schmarrn-Experten geworden.
Besonders gut war der »Erschbirschmarrn«, wenn es Walderdbeeren gab. Extrige Schleckermäuler unter den Jüngeren haben dann ihr privates Zuckerbüchsel dazu gezückt.
Man muß diesen Schmarrn einmal bei Alpenglühn, duftenden letzten Rauchfahnen, bei feuchtem Holzgeruch und rauhen Holzknechts-G'sangeln gegessen haben, um ihn richtig würdigen zu können und ein Leben lang auf der Zunge zu behalten.

Das Bemühen, aus Mehl und Milch, Fett und Eiern feine Speisen zu zaubern, ist sehr alt und fand seine Krönung, als es endlich, auch für die Allgemeinheit, genügend Zucker gab. In alten Zeiten waren es der Honig und die getrockneten Früchte und – nicht zuletzt – Phantasie und Liebe, die den Grundstock für die auch heute noch so sehr begehrte »Moispeis« legten. Abwechslungsreich gewürzt, in immer neuer Form, ist sie eine typisch bayrische Besonderheit – und soll es bleiben!

Bayern, am Schnittpunkt der alten Handelsstraßen gelegen, kannte frühzeitig schon vielerlei feine, fremde Gewürze, so daß es für die Hausfrauen ziemlich leicht war, ihre gewohnten, an sich langweiligen Milch- und Mehl-, Schmalz- und Eierspeisen interessant abzuschmecken. Schon sehr früh verwendeten sie Zimmet und Nagelinstup, Koriander, Cardamömelein und Anis, Imber und Engelswurz, Safran und Fanili (Vanille), Mandeln und Zibeben. Dazu hatten sie noch Beeren aus Wald und Garten, im Sommer frisches, im Winter getrocknetes Obst. Den Rest an Feingeschmack ergaben dann noch die berühmten braunen Ramerln aus Zucker, Butter und Rahm.

Münchner Nockerln

140 g Butter rührt man mit etwas Salz und 1 Packerl Vanillinzucker schaumig und gibt 6 Eier und 90 g Mehl, immer 1 Ei und 1 Eßlöffel Mehl abwechselnd, mit 40 g Zucker daran. Aus dieser Masse sticht man mit einem Löffel kleine Nockerln in kochende, gesüßte Milch, nimmt sie mit einem Schaumlöffel heraus, richtet sie an und gibt nun in die Milch 1–2 Likörgläser Rum und nochmals 1 Packerl Vanillinzucker. Man kann die Milch über die Nockerln gießen oder gesondert dazu servieren; nach Belieben kann man die Milch auch mit 1 Packerl Vanillesoßenpulver eindicken.

Schneenockerln

Zuerst schlägt man das Eiweiß von 2–3 Eiern sehr steif und gibt etwas Salz, Zucker und Vanillinzucker darunter. Inzwischen kocht man ¾ l Milch mit einem Stück Butter, ein wenig Salz und Zucker auf und setzt aus der Schneemasse mit einem Löffel kleine Nocken hinein, die nun vorsichtig in der Milch ziehen müssen; sie darf aber nicht kochen. Sobald sie gar sind, hebt man die Nockerln mit einem Sieb vorsichtig heraus und gibt sie in eine große Schüssel. Nun verrührt man die Eidotter mit etwas Zucker, gießt langsam von der kochenden Milch hinzu und rührt die Eiermasse in die Milch ein, die gut verschlagen wird und nicht kochen darf. Man schmeckt sie mit 1 Packerl Vanillinzucker und Rum ab und gießt sie langsam zu den Nockerln.

Maronikoch (Kastanienauflauf)

80–100 g Butter werden mit 50 g geriebenen Mandeln und 100 g gerösteten, geschälten und gekochten Kastanien, die zerdrückt wurden, gut durchgerührt. Man gibt 100 g Zucker und 4–6 Eidotter und zuletzt den steifen Schnee darunter. Man kann die Masse mit etwas Mandelöl und Vanillinzucker oder 1 Gläschen Rum oder 50 g geriebener Schokolade würzen. Die Auflaufmasse wird in einer gefetteten Form in der Röhre etwa 25–30 Minuten aufgezogen.

Fürstenkoch mit Weinschodo (Weinchaudeau)

50 g zerstoßener Zwieback und 50 g harte Mandelmakronen werden in ¼ l Milch unter ständigem Rühren aufgekocht. Wenn die Masse dicklich ist, nimmt man sie vom Feuer und rührt nacheinander 4 Eidotter und zuletzt den steifen Eischnee darunter. Nach Belieben kann die Masse auch noch mit etwas geriebener Zitronenschale, Vanillinzucker oder mit einigen Tropfen Mandelöl gewürzt werden. Man füllt sie in eine gut gebutterte feuerfeste Form und bäckt sie bei mäßiger Hitze goldgelb. Zuletzt gießt man gut ⅛ l heißen, gesüßten Weißwein darüber und bringt den Fürstenkoch sofort zu Tisch.

Beschamell- (Béchamel-) Äpfel

Geschälte, halbierte Äpfel werden mit etwas Zucker und Wein gar gedämpft. Dann bereitet man eine weiße Schwitze, nimmt sie vom Feuer und rührt nacheinander 4–5 Eidotter, die fein abgeriebene Schale von 1 Zitrone, 3 Eßlöffel Zucker und den steifen Eischnee sowie 1 Prise Salz hinein. Eine Schicht davon gibt man in eine gebutterte Auflaufform und legt eine Lage Äpfel darauf, die mit Béchamel aufgefüllt werden. Man streut Zucker darüber und läßt den Auflauf 25–30 Minuten goldgelb überbacken. Er muß rasch aufgetragen werden.

Citronenmus mit Wein

(Originalrezept aus »Neuestes Augsburgisches Kochbuch«, 1840)

Zu einer schönen großen Citrone, die aber nicht bitter seyn darf, nimmt man ein Seidlein Wein und versetzet es mit so viel Zucker, als nöthig ist, um es süß zu machen, zum Feuer. Dann nimmt man eine Citrone, schneidet sie in Scheiben, doch so, daß diese aneinander hängen bleiben; legt sie in den Wein und läßt sie eine Viertelstunde darinnen kochen. Darauf nimmt man sie heraus, drücket den Saft davon in den Wein, giebt aber Obacht, daß die Citrone nicht zu sehr zerquetscht wird. Nun zerkleppert man 6 Eidotter und 2 ganze Eier mit ein wenig kaltem Weine recht stark, rühret den siedenden Wein nach und nach zu, und läßt es auf dem Feuer unter stätem Umrühren so lange kochen, bis es dick genug ist. Dann legt man die Citrone in die Mitte einer Schüssel, gießt das Mus darüber, und bestreut es mit gestoßenem Zucker und mit kleingeschnittenen Citronenschaalen.

Bayrische Rahmsulz (Creme Bavaroise)

Dieses köstliche Gericht ging in die Speisekarten der ganzen Welt als »Creme Bavaroise« ein. Man sagt, die zarte Creme sei von der französischen Königin Isabeau de Bavière, einer bayrischen Prinzessin, im 14. Jahrhundert erfunden worden. In Bayern wird sie schlichtweg Rahmsulz genannt.
250 g reife Aprikosen werden zerdrückt und gemixt oder durch ein Sieb gestrichen. Man gibt 250 g Zucker und 7 Blatt aufgelöste Gelatine, 1 Gläschen Weinbrand und, wenn das Ganze steif zu werden beginnt, ¼ l steifen Schlagrahm darunter. Die Masse wird dann in eine mit Öl bestrichene Form gefüllt, die man in den Kühlschrank stellt. Diese Rahmsulz läßt sich auch mit Pfirsichen, Erdbeeren und gemixten Ananas oder Bananen herstellen. Man stürzt sie und verziert sie noch mit Früchten und einer Haube aus Schlagrahm.

Rahmsulz im Früchtekranz

Die vorgenannte Sulz aus Bananen oder Ananas füllt man in eine Bombenform und stürzt sie auf eine Platte. Dann umgibt man sie mit bunten Früchten der Jahreszeit und streut Zucker darüber. Die Sulz selbst wird mit geschälten Mandeln oder geschälten Pistazien verziert.

O, d'Leit san g'schleckert,
da werd so gern g'meckert,
is' aber guat,
nachert ziagt ma sein Huat.

Kastanien-Rahm-Sulz

(Dies ist ein Rezept aus der ehemaligen Kgl. Bayr. Hofküche)

500 g Kastanien werden kreuzweise eingeschnitten, im Rohr durchgeröstet und von der äußeren und der inneren Haut befreit. Man kocht sie in Wasser gar und streicht sie durch ein Sieb. An den dicklichen Brei gibt man 100 g Zucker, 1 Packerl Vanillinzucker, 2–3 Gläschen Maraschinolikör oder Grand Marnier, 8 Blatt aufgelöste Gelatine und ¼ l steif geschlagenen Rahm. Die Sulz wird in eine Ringform gefüllt und nach dem Erstarren gestürzt. In die Mitte gibt man noch einen Guß aus Schlagrahm, der mit Kakao überstäubt und mit Mandeln überstreut wird.

Weinsulz mit Äpfeln

8–10 saftige säurereiche Äpfel werden geschält und in Schnitze geteilt. Man kocht sie mit etwas Zuckerwasser und Zitronensaft vorsichtig gar, so daß sie nicht zerfallen. Dann nimmt man sie heraus und füllt den Saft mit Weißwein auf ½ l auf. Man gibt nochmals etwas Zucker und 5½ Blatt weiße und ½ Blatt rote Gelatine sowie 1 Likörglas Grand Marnier dazu. Nun gibt man die Apfelschnitze mit der Weinsulz abwechselnd in eine gespülte Form, stellt diese in den Kühlschrank und stürzt sie nach dem Erstarren. Man garniert die Speise reich mit Schlagrahm, der mit Vanillinzucker abgeschmeckt wurde.

Das Zibeben-Pfänzl zu machen

(Aus einem handgeschriebenen Landshuter Kochbuch
von Philomena Gstettner, 1789)

Ma nimbt ain ayr groß Schmalz, treibet selbes wohl ab, waicht umb 1 Kr.Mundsemmel anstatt die Milch in ain Wasser, die Rinden hinweg, tränkt es wohl süß, und rührts in das Schmalz, schlagt 4 ganze Ayr und 1 Dotter darein wie auch Zucker und Zimet, die Zibeben sauber geklaubt. 1 Vierting Mehl darunter gerührt, in ain heiß Schmalz geschütt, unten und oben glut. Das gibt eine Art Kuchenmichel oder Auflauf. Heute bäckt man die Masse in einer feuerfesten Form im Rohr.

Aufgebranntes Schmankelmus

Dieses Rezept ist ein wenig arbeitsaufwendig, aber sehr originell und schmeckt überdies ausgezeichnet.
Zuerst macht man ein dünnes Kindsmus. Man kocht also 4 Eßlöffel mit Milch angerührtes Mehl in ½ l Milch ein und süßt die Masse, die leicht gesalzen wird. Dann läßt man in einer Pfanne etwas Fett zergehen und gießt eine dünne Schicht Mus ein. Wenn es unten schön braun geworden ist, rollt man es rasch auf und fährt so fort, bis alles verbraucht ist. Hierauf bereitet man eine zarte Butterschwitze, gießt sie mit Milch oder Rahm auf und fügt zuletzt nacheinander 4 Eidotter, etwas Zucker und Zitronenschale oder Vanillinzucker und am Schluß den Eischnee hinzu. Diese Masse füllt man in eine Auflaufform, steckt die gebackenen, gerollten Ramerl hinein, zuckert und überbäckt sie.

Aus alten bayrischen Kochbüchern

Vielleicht ist es Verliebtheit in die eigene Spezies, vielleicht auch tiefere Kenntnis der Materie, daß ich alte bayrische Kochbücher besonders gemütvoll und persönlich finde. Die Verfasserinnen wie auch männliche Autoren redeten, wie ihnen der Schnabel gewachsen war. Sie hatten keine Hemmungen, im Dialekt zu schreiben und alte, überkommene Ausdrücke und Begriffe zu verwenden. So welgerten sie ihren Teig aus, seigten die Milch, raumten sie ab und schnitten die Semmeln scheiblecht oder den Krautkopf blattlet. Sie machten die Hörndl spitzlecht und wischten den schimpletchen Schinken ab. Die G'rösten mußten resch, das Gebäck marb oder rogl sein. Alter Braten wurde aufgeprägelt, der Schmarrn angeraumelt. Der umg'standne Essig war hantig, der Rettich raß, das Fleisch oft mufflert. Mufflich kommt von muflare = schlecht riechen, und damit sind wir bei den vielerlei fremden Spracheinflüssen in der bayrischen Culinaria.
Böhmische Kocherln, italienische Maurer und Stuckkateure, französische Hugenotten, spanische Priester und englische Globetrotter haben allerhand Neues an die Höfe und in die Bürger- und Handwerkerhäuser gebracht, was dann als Biflamott, als Holapodrider, als Blamasch (blanc manger), als Phasolen (Fisolen = Grüne Bohnen), als Kopphahn (Kapaun), als Rehnesuppe (Soupe à la reine), Konsomasupp'n, Horsdowres und ähnliches in den Kochbüchern geisterte.

Der eigene Garten lieferte Kuttelkraut (Meigram oder Majoran), Knofi, Polei, Citronthymian (Zitronenmelisse). Wald und Feld gaben Kronabett (Wacholder), Maurachen (Morcheln), Kreuzkümmel, Fenchel, Agreßbirl (Berberitzen), Wegerich und Sauerampfer, Bachkresse und Kamille. Der Gewürzhandel und der Markt boten bereits »Champion«, Sardellen und Oliven, Kapern, Chalotten und Artischocken, Pomeranzen und Limoni, Feigen, Datteln und Zibeben.

Sogar Austern und (angeblich) Schildkrott konnte man kaufen. Natürlich hat man zu Fastenspeisen Krebse und Froschschenkel, auch Biber und Duckäntel empfohlen, denn diese lebten ja auch im Wasser und waren infolgedessen »fischig«, also fastengerecht.

Man hat kunstvolle Pastöttn und seltsamerweise pikante Darten (Torten) aus Fleisch und Fisch, Spinat und unzeitigen Trauben, aus gezuckertem Geflügel und Wild mit Honig zubereitet. Überhaupt wurde Fleisch mit Zimt und Nelken, mit Zucker und Honig, mit Zibeben und Feigen gewürzt. Das macht viele der alten Rezepte für uns heutzutage völlig unbrauchbar.

Dieses vielerlei und starke Würzen entsprang allerdings nicht, wie so oft vermutet, nur einer Mode oder einem Hang zur Protzerei, denn die Gewürze waren bekanntlich sehr teuer, sondern es war notwendig, um die rasch verderbenden Lebensmittel überhaupt genießbar zu machen. Es gab ja noch keinen Kühlschrank, und auch die Transportmöglichkeiten waren schlecht. Deshalb war man eben gezwungen, den rasch auftretenden Verderbnisgeschmack mit Gewürzen zu übertönen und die Vorratshaltung durch scharfes Einbeizen zu verbessern.

Trotz aller Behinderungen wurde aber doch erstaunlich viel geleistet, und die alten Rezepte beweisen eine recht reichhaltige Küche. Natürlich waren sie nicht für den Alltag vorgesehen, denn dafür wußten sich die Hausfrauen allein zu helfen; nur neue, fremde oder besonders feine Rezepte waren interessant genug, aufgeschrieben zu werden.

Und wenn es manchmal heißt, die bayrische Küche sei derb und primitiv gewesen, so ist dies genau so irrtümlich nachgeplappert, wie wenn man sagte, alle Italiener seien lustig, alle Holländer dick oder alle Franzosen geistreich.

Die narrische Kuchl

Es gibt Leute, die lachen noch abends im Bett, warum soll's dann nicht auch solche geben, die mittags lustig kochen? Früher jedenfalls hat sie's gegeben. Sie haben mit Vergnügen den »Bachenen Mäus'« die Schwänz abgebissen und die »Nacketen Mandln« auf dem Teller tanzen lassen. Gerade der Fasching ist die passende Zeit, einmal fidel zu kochen, wie es, noch wesentlich unbeschwerter, die Alten getan haben.

Aber auch gelegentlich unterm Jahr kann man für fröhliche Freunde eine fidele Überraschung bereithalten, so etwa ein »B'suffenes Bier« oder »Falsche Spiegeleier« aus weißem, ausgegossenem Milchgelee und einer gestürzten halben Aprikose drauf. Dazu paßt dann auch der mit Sagmehl (Sägespänen) gefüllte Krapfen und ähnliches. Solche »Scherze« gibt es viele.

Kikeriki-Schmarrn

Er hat natürlich besonders viel Eier im Verhältnis zum Mehl und stammt aus dem Landshuter Kochbuch von Marie Buchmaier. Man schlägt ¼ l Milch, Salz und 3 ganze Eier in einen Hafen ein, daß sich die Eier mit der Milch verbinden und rührt 1 Tasse feines Mehl vorsichtig darunter, damit sich Knollen bilden, läßt in einem Tiegel ein Stückchen Butter gut heiß werden, schüttet die Masse hinein, deckt sie zu und kocht sie, bis sich am Boden eine leichte Kruste gebildet hat. Dann wird der Schmarrn wie üblich mit einem Scherrer (eiserne Backschaufel) aufgelockert; zuletzt gibt man noch ein Stückchen Butter daran, damit er recht duftet und eine schöne braune Kruste bekommt. Die Mehlknollen verschwinden durch das Kochen, und es entsteht daraus ein leichter, feiner Schmarrn.

Zotterte Wabn

Das ist ein buttriger, fein abgewirkter Hefeteig in Form eines alten Weibes (Wabn). Man gibt an 100 g Mehl 35 g Hefe, die in etwas Milch mit Zucker aufgelöst wurde. Dann arbeitet man 400 g Mehl mit 60 g Butter, 3 Eiern, 3–4 Eßlöffeln saurem Rahm, etwas Salz und 80 g Zucker sehr gut ab. Daran gibt man das Mehl mit der Hefe und knetet nun den Teig so lange, bis er nicht mehr an der Hand kleben bleibt. Man fügt ½ Tasse Rosinen hinzu, deckt ihn gut ab und läßt ihn mehrere Stunden warm stehen. Dann nimmt man von der Teigkugel ein gut faustgroßes und ein eigroßes Stück Teig weg. Aus dem großen Stück macht man eine sehr schön runde Kugel, drückt oben ein kleines Loch ein, setzt das mittelgroße Stück Teig hinein und obenauf als Kopf das ganz kleine. Der Teig muß nun nochmals sehr gut gehen, am besten sogar über Nacht. Dadurch wird er besonders feinporig und glatt. Vor dem Backen zwickt man mit einer Schere um den ganzen Rock der Wabn Zotten (Fransen) hinein, damit er recht »g'schlampert« (unordentlich) aussieht. Mit Rosinen setzt man zwei Augen und den Mund ein, bestreicht alles mit Eidotter und bäckt die Wabn bei Mittelhitze goldbraun.

Bachene Mäus

An einen Hefeteig aus 500 g Mehl mit 20 g aufgelöster Hefe gibt man 3 Eier, 150 g weiche Butter, 1 Eßlöffel Zucker und so viel Milch, daß er halbfest wird. Nach dem Gehen sticht man mit einem Löffel längliche Nocken aus und zieht ein Ende zu einem Schwanzerl lang. Die Mäus werden schwimmend in Fett goldgelb gebacken und zuletzt noch mit Puderzucker überstreut.

Schlitzaugen

60 g Fett, 1–2 Eier, 50 g Zucker, 1 Packerl Vanillinzucker und je 1 Prise Salz und Zimt rührt man gut durch und gibt 400 g Mehl, das mit 2 gehäuften Kaffeelöffeln Backpulver gemischt und gesiebt wurde, sowie 50 g Stärkemehl darunter. Der zarte Teig wird mit 1–2 Eßlöffeln Rahm geschmeidig gemacht, dann dicklich ausgewalgt und zu gleichmäßigen Rechtecken ausgeradelt. In die Mitte macht man mit dem Backradl kleine Schlitze hinein und bäckt sie dann in heißem Fett goldgelb. Zuletzt überstreut man die Schlitzaugen mit Puderzucker.

Ersoffene Henne

5 Eiweiß werden sehr steif geschlagen. Man gibt unter Weiterschlagen 200 g Zucker, 1 Packerl Vanillinzucker, Saft und Schale von 1/2 Zitrone, etwas Zimt, Nelken und Salz dazu. Dann kommen die 5 Eidotter, die so lange eingeschlagen werden, bis die Masse Blasen wirft. Man gibt 200 g geriebenes Schwarzbrot darunter und füllt das Ganze in eine ovale, sehr gut gebutterte Auflaufform. Sie wird in der Röhre ausgebacken und dann gestürzt. Über diese Henne gießt man etwa 1/4 l erhitzten Rotwein, der mit 1 Likörglas Rum oder Arrak, Zucker und ein wenig Zitronen- oder Orangensaft abgeschmeckt wurde. Die somit ersoffene Henne muß recht heiß aufgetragen werden.

Regenwürmer

Aus Mehl, Ei, saurer Milch, ganz wenig Zucker, Salz und Vanillinzucker macht man einen ziemlich festen Teig, der sehr gut verknetet wird. Man schneidet kleine Stücke ab und walgt sie zu dünnen, langen Regenwürmern aus. Sie werden in leicht gesüßter Milch gekocht, abgetropft und in eine Reine mit reichlich Butter gegeben. Man gießt etwas von der Kochmilch darüber und brutzelt sie jetzt im Rohr schön goldbraun. Die Regenwürmer werden mit Zucker überstreut und mit Kompott oder heißem Zwetschgenmus aufgetragen.

Versoffene Jungfern

Semmeln werden zweimal halbiert, so daß längliche Striezel entstehen. Man taucht sie in gesüßte Milch, wobei sie aber nicht zerfallen dürfen. Dann drückt man sie leicht aus, wendet sie in gesüßtem, verschlagenem Ei und bäckt sie in der Pfanne mit genügend Fett oder schwimmend goldgelb. Man richtet sie als Berg an, überstreut sie mit etwas Zimt-Zucker und gießt heiß gemachten und mit Zimt, Nelken, Zucker und 1 Glas Arrak gewürzten Rotwein darüber. Es darf schon ein guter 1/2 l Wein sein, denn die Jungfern haben Durst.

Pfaffenkappl

Aus 200 g Mehl, 100 g Butter, 1 Ei und 1 Eiweiß sowie wenig saurem Rahm, Salz und Pfeffer knetet man einen mürben Teig, der nach kurzem Ruhen ausgeradelt wird. Man schneidet 10–12 cm große Karos aus und gibt auf jedes 1 kleine dicke Apfelscheibe und 1 in der Größe passendes Fleischpfanzl aus gut gewürztem Hackfleisch. Dann schlägt man die vier Ecken in der Mitte zusammen, so daß ein barettartiges Gebilde entsteht. Man bestreicht es mit Eidotter, setzt 1 große Haselnuß als Quaste auf und bäckt die Pfaffenkappl bei Mittelhitze 25–30 Minuten.

Nackete Mandln

Kalte Kartoffeln werden aufgerieben und mit 2–3 Eidottern, etwas Mehl, Salz, ein wenig Pfeffer und Koriander oder Muskat gut gewürzt. Man dreht kleine, in der Mitte dicke Fingernudeln daraus und kocht sie in Salzwasser, bis sie schwimmen. Dann gibt man sie in eine Reine mit genügend Fett und bäckt sie, bis sie goldbraun sind. Die nacketen Mandln werden herausgestochen und mit einer Schinken- oder Fleischsoße aufgetragen.

A narrische Kuchl,
was soll denn des sei?
Is 's Kochen so narrisch?
Dös geht mir net ein.

Saftige Ohrfeigen

Aus 300 g Mehl, 15 g aufgelöster Hefe und etwas Milch, Salz und 1 Eßlöffel Fett bereitet man einen festen Hefeteig, der sofort ausgewellt wird. Er darf also nicht gehen. Er wird mit weicher Butter bestrichen. Dann schlägt man ihn zusammen, bestreicht ihn wieder mit Butter und wiederholt dies noch zweimal. Insgesamt arbeitet man 100 g davon ein. Der Teig darf auch zwischendurch nicht gehen; er muß also möglichst kühl verarbeitet werden. Davon hängt der Erfolg ab! Er wird nun dicklich ausgewalgt und rasch mit einer pikanten Fülle bestrichen. Für diese schneidet man ½ Zwiebel fein und schmort sie mit 125 g fetten Schinkenwürfeln an. Dazu gibt man 3–4 Eßlöffel Brösel, etwas dicken sauren Rahm, Suppenwürze, gehackte Petersilie, Salz und ganz wenig Muskat. Man rollt die beiden Teigenden gegenseitig zusammen, so daß sich die Rollen in der Mitte treffen. Hierauf schneidet man mit einem Messer Scheiben davon ab, legt diese sofort auf ein gewachstes Blech, bestreicht sie mit Eidotter und bäckt die Ohrfeigen goldbraun.

Affenmund

Dieses Rezept ist sehr alt. Bereits um 1560 hat es Philippine Welser in ihrer originellen Handschrift gebracht. Es handelt sich, wie schon aus der Bezeichnung hervorgeht, um eine Art von Maultaschen.
Für den Teig vermengt man etwa 300 g Mehl mit 1–2 Eiern, Salz und Wasser, verknetet ihn mit einem walnußgroßen Stück verbröselter Hefe und walgt ihn nach kurzem Ruhen aus. Man sticht runde Platzl aus, füllt ein Gemisch aus Spinat, geriebenem Käs und gehacktem Schinken ein und klappt sie, mit Eiweiß verklebt, zu. Dann kocht man sie und gießt braune Butter darüber.

B'suffenes Bier

»B'suffen« bedeutet besoffen, damisch, narrisch, und damit sind wir schon ganz nah dran.
½ Liter lauwarmer Kaffee wird mit Zucker und 6 Blatt aufgelöster Gelantine und nach Belieben mit etwas Weinbrand verrührt und in Stielgläser (Pilsgläser) verteilt. Obenauf setzt man den »Foam« (Bierschaum) aus gesüßtem Schlagrahm. Das ergibt einen überraschenden Nachtisch.

Schmalzbachenes

Unter Schmalz war von jeher in Bayern ausgelassene Butter gemeint. Man hat also weder Öl noch Schweinefett benützt, sondern nur Butter, was dem Gebäck auch den feinen, zarten Duft gegeben hat. Daß es schon immer so war, beweist ein Bericht aus dem Jahre 1449, nach dem die Benediktbeurer Klosterbrüder an die Franziskaner in München eine »Gülte« (Maß) von »drey zenten guetz schmalzt von milich gemacht« verkauften. Das Land um Straubing, der sogenannte Gäuboden, wird in einem Bericht aus dem Jahre 1618 die »Schmalzgrueben von Bayern« genannt. Der Schmarrn heißt im Gebirge auch heute noch »Schmalzkoch«, und es gab überdies einen »schmalzigen Samstag«. Dies war der Samstag vor Fastnacht (Sabbathum ante Esto mihi).

Auch der bayrische Schmalzler (Schnupftabak) hängt damit zusammen, denn er besteht aus feingeriebenem Tabak, Kalk und Butterschmalz.

Wie eng überdies das Schmalz selbst heute noch mit dem Alltag verbunden ist, beweist die Tatsache, daß Dinge, die sehr teuer sind, bei uns »g'schmalzen« genannt werden. Und wenn einer besonders kräftig ist, dann sagt man von ihm: »Der hat a Schmalz.«

Schmalzbachenes war zu allen Zeiten, zur Ernte, zu jedem hohen Kirchenfest und auch im Alltag, von großer Wichtigkeit im Bayrischen.

Man liebt das goldgelbe Schmalzgebäck in seinen vielerlei Formen und kann sich gar nicht genug tun im Ausdenken lustiger Schnörkel und Schnaxl.

Einfache Schmalznudeln

Zu diesem Schmalgebäck löst man 20 g Hefe in ½ Tasse lauwarmer Milch mit 1 Kaffeelöffel Zucker auf und gibt diesen Ansatz nach dem Gehen an 500 g erwärmtes Mehl. Sobald die Hefe gegangen ist, rührt man den Rest der Milch (insgesamt ¼ l), 1 Ei, 75 g erwärmtes Fett, 100 g Zucker und 1 Prise Salz. darunter. Der nicht zu weiche Teig wird geschlagen, bis er Blasen wirft und sich von der Schüssel löst. Man fügt nach Belieben noch etwas Saft und die Schale von ½ Zitrone oder Vanillinzucker oder 1 Prise Zimt daran. Dann formt man kleine Nudeln, die auf einem bemehlten Brett zugedeckt gehen müssen. Diese Nudeln werden dann in rauchheißem Fett ausgebacken.

Auszog'ne Nudeln

Diese besonderen Küachl, eine Art »Fliegende Untertassen«, sind über ganz Bayern verbreitet, tragen aber verschiedene Namen wie Kirtanudeln, Knieküchel oder Auszog'ne. Das deutet auf ihre Zubereitung hin. Knieküchel heißen sie, weil sie mancherorts, sogar noch heute, über das Knie gezogen werden, um außenherum schön rund und innen dünn und gewölbt zu sein. In Niederbayern kann sie jede Bäuerin durch geschicktes Drehen auch ohne ihr Knie schön rund formen. Das helle, weiße Häuberl innen entsteht durch vorsichtiges Einlegen ins heiße Schmalz. Auszog'ne gibt es hauptsächlich in der Erntezeit, aber auch gern an hohen Festtagen, besonders zur Kirchweih. Da muß die Bäuerin dann gleich an die hundert dieser schönen Küachl backen. Sie bestehen aus einem eierreichen Hefeteig, der zu runden Nudeln geformt wird. Nach langsamem Gehen unter einem Tuch faßt man sie außenherum an und dreht sie, indem man die Mitte immer dünner zieht, bis sie so groß sind wie etwa eine Untertasse. Ob sie vielleicht Modell gestanden haben für die geheimnisvollen Sendlinge aus dem All? Himmlisch gut sind sie auf jeden Fall, wenn sie frisch, noch leicht warm, flaumigzart, innen goldgelb, außen weißgezuckert zum Kaffee gebracht werden.

Großmutters gefüllte Krapfen

Die Zutaten sind für eine große Menge Krapfen gedacht: 1 kg Mehl, 120 g Zucker, 100 g weiche Butter, 4 Eidotter, 2 ganze Eier, den Saft von 1/2 Zitrone, einige geriebene Bittermandeln, etwas Bittermandelöl, 1–2 Eßlöffel Rum, 1/4 l Milch und 40 g aufgelöste Hefe verarbeitet man zu einem lockeren Teig. Man läßt ihn aber nicht gehen, sondern walgt ihn gleich dick aus und sticht runde Krapfen aus. Auf die Hälfte dieser Krapfen gibt man je 1 Kaffeelöffel mit Rum abgeschmeckte dicke Marmelade, legt dann jeweils die zweiten Krapfenhälften darüber, drückt die Ränder mit den Fingerspitzen fest und sticht die gefüllten Krapfen nochmals mit einem passenden Glas aus, so daß die Ränder schön glatt werden. Man deckt sie mit einem Tuch zu und läßt sie gehen. Sie werden dann in Schmalz schwimmend auf beiden Seiten schön braun gebacken, wobei ringsum ein helles Rändchen bleibt. Zuletzt überzuckert man sie.

Lustig is die Fasinacht,
wann mei Mutter Küachl bacht.
Wann sie aber koane bacht,
pfeif i auf die Fasinacht!

Springnudeln

Dazu werden ausgedrehte Hefeteignudeln nach dem Gehen oben in Kreuzform eingeschnitten oder noch einfacher mit einer Schere eingezwickt. Dadurch springen die vier Ecken schön auf. Man gibt sie sofort ins siedende Schmalz, wo die vier Ecken schön hoch steigen. Die Nudeln werden in der Mitte mit dicker Marmelade gefüllt und gezuckert.

Fränkische Storchennester

Sie sehen recht lustig aus, aber wo der Storch stehen soll, ist unerfindlich. Für die Nester macht man einen halbfesten Hefeteig, schneidet Stücke davon ab und walgt sie zu handtellergroßen runden Fladen aus. In jeden Fladen macht man 6 Einschnitte und läßt dabei einen gleichmäßigen Rand unberührt stehen. Dann nimmt man einen Kochlöffel und hebt immer einen Streifen auf und läßt den nächsten liegen. Mit hochgehobenem Kochlöffel, so daß die Streifen weit auseinanderstehen, läßt man diese Storchennester dann ins heiße Schmalz gleiten. Sie werden goldbraun ausgebacken und zuletzt überzuckert.

Hobelscheiten

Der gleiche Teig wie zu den Storchennestern wird zu langen Streifen ausgeradelt, die man nach dem Gehen ins heiße Schmalz gibt. Man rührt dabei mit dem Kochlöffel heftig im Fett um, damit richtige krumme Hobelscheiten entstehen. Sie werden abgetropft und eingezuckert.

Gebackene Kapuzinerknödel

80 g Butter, 60 g Zucker, 1 Packerl Vanillinzucker und 5 Eier werden gut gerührt. Man gibt 60 g geriebene Haselnüsse, 60 g Rosinen, 100–150 g Brösel und 1 Eßlöffel Rum dazu und formt kleine Knödel, die schwimmend in Schmalz goldbraun ausgebacken werden. Dann bringt man sie mit heißem, gezuckertem und mit Zimt abgeschmecktem Rotwein oder mit Zimt-Zucker zu Tisch.
Nach einer guten Suppe und einem großen Karpfen mit viel Buttersoße dürften diese gebackenen Knödel den hochwürdigen Kapuzinern das Fasten nicht allzu schwer gemacht haben.

Reis- und Grießküachl

150 g Reis kocht man dick und fast trocken ein und läßt ihn auskühlen. Dann verrührt man 3–4 Eier mit 15 g in etwas Milch aufgelöster Hefe mit etlichen Kochlöffeln Mehl, gibt Salz, etwas Zucker und den Reis dazu und läßt die Masse zugedeckt gehen. Daraus formt man auf einem gemehlten Brett kleine Nudeln in etwa Eigröße, die zugedeckt nochmals aufgehen müssen. In jede dieser Nudeln macht man der Länge nach mit dem Messer einen Schnitt. Hierauf bäckt man sie langsam in heißem Fett goldbraun und streut Zucker und Zimt darüber. Grießküachl bereitet man auf die gleiche Art.

Würzburger Boxbeutel

250 g Mehl, 3–4 Eier, Salz, Vanillinzucker und so viel Milch, daß ein gerade noch fließender Teig entsteht, verschlägt man sehr gut und taucht eine ausgekochte dicke Schnur mit einem großen Knopf am Ende hinein. Dann hängt man ihn in siedendes Butterschmalz und läßt ihn schön bräunen. Nun wechselt man mit dem Eintauchen in Teig und Schmalz so lange ab, bis der Teig verbraucht und der Boxbeutel schön dick geworden ist. Das ist eine nette und vielversprechende Gaudi. Zuletzt wird der Boxbeutel von der Schnur befreit, indem man sie mit einem Ruck herauszieht, anschließend wird er noch überzuckert. Er kann sich neben seinen Brüdern von der flüssigen Linie derer von Boxbeutel recht gut sehen lassen.

Inntaler Kröpf

Sie werden ähnlich wie Boxbeutel hergestellt. Man verwendet statt einer Schnur mit Knopf einen neuen Kochlöffel. Dadurch werden die Kröpfe größer und das Loch, das nach dem Backen durch das Entfernen des Kochlöffels entsteht, füllt man zuletzt etwas mit Marmelade oder auch mit warmem Vanillepudding.

Gebackene Nockerln

250 g Mehl, 30 g weiche Butter, 50 g Zucker, 1 Ei, 40 g grob gehackte Mandeln, etwas Salz, Zitronensaft und Zitronenschale, 1/2 Packerl Backpulver und knapp 1/4 l saure Milch, noch besser sauren Rahm, verschlägt man zu einem zarten, zähen Teig. Davon sticht man mit einem Kaffeelöffel kleine Nockerln ab, gibt sie in heißes Fett und bäckt sie goldbraun. Die schön aufgehenden Nockerln werden abgetropft, mit Zucker bestreut und sofort aufgetragen.

Bärentatzen

Einen dick gehaltenen Eierkuchenteig mit möglichst vielen Eiern gießt man auf zwei- oder dreimal in eine gut gefettete Springform und bäckt ihn hell aus, so daß der Teig gerade gar, aber noch nicht braun ist. Dann schneidet man die Platte wie eine Torte in 12 Stücke und macht in jedes Stück noch einmal am Rand 3–4 cm tiefe Einschnitte, die leicht auseinandergebogen werden. Diese Tatzen werden dann in siedendem Schmalz goldbraun gebacken, abgetropft und mit Puderzucker überstreut.

Schmalzrosen

Aus 250 g Mehl, knapp 1/2 Packerl Backpulver, 100 g Zucker, 60–80 g Butterflocken und 1–2 Eiern bereitet man einen zarten Mürbteig. Er wird ausgewalgt und zu 3–4 verschieden großen Plätzchen ausgestochen. In jedes derselben macht man außen 3 Einschnitte. Dann setzt man sie, immer kleiner werdend, aufeinander und bestreicht jeweils die Mitte mit Eiweiß. Sie wird mit dem Zeigefinger leicht zusammengedrückt, damit sich die Blätter aufbiegen; hierauf bäckt man die Rosen in heißem Fett goldgelb. Zuletzt werden sie noch mit Zucker oder Zimt-Zucker überstreut. Sie sehen wirklich wie Rosen aus.

Hasenöhrl

180 g Mehl und etwas Salz gibt man auf das Backbrett. Dann kocht man 1/8 l Milch mit 20 g Butter auf und gießt sie heiß an das Mehl. Der Teig wird sehr gut durchgewirkt, ausgewellt und zu kleinen Rauten ausgeradelt. Diese bäckt man in Schmalz schwimmend goldbraun und reicht sie, mit Zucker oder Zimt-Zucker überstreut, heiß zum Kaffee.

Schau, sind sie nicht schön gelungen
die Hobelspän, die Ochsenzungen?
Goldgelb sind auch die Eierröhrl
und resch die kleinen Hasenöhrl.

Ein jeder der Familie mag's
die ganze Woch und feiertags.
Auch Springnudeln und Pfannaring
vom Alpenrand bis Hugelfing.

Oblatenküachl

(Originalrezept aus »Augsburger Kochbuch« von Christine Haller, 1882)

Aus großen weißen Backoblaten schneidet man viereckige Stücke in der Größe von drei bis vier Finger breit, welche in der Mitte mit einem kleinen Löffel voll Hagebutten-Marmelade oder sonst einer anderen Art eingesottener Früchte gefüllt und ein zweites Oblatenstück darüber gelegt wird, so daß die Marmelade ganz eingeschlossen ist. Schon vorher bereitet man einen Brandteig wie zu »Sprütz-Gebackenes« (siehe Seite 173), taucht jedes Stückchen auf allen vier Seiten fingerbreit in den Teig und bäckt sie sogleich in heißem schwimmenden Schmalz in lichtbrauner Farbe auf beiden Seiten. Noch warm werden sie mit Zucker bestäubt zu Tische gegeben.

Baunzerl

Diese noch aus dem frühen Mittelalter stammende Speise ist rübenartig oder bucklig, wie man einen Baunzen nennt, gestaltet. Es handelt sich um gezukkerte Apfel- oder Birnenschnitze, Zwetschgen oder dergleichen, die in einen Weinteig getaucht und in Schmalz herausgebacken werden. Heutzutage sagt man Beignets dazu. Die Baunzerl werden mit Zimt-Zucker und noch »bacherlwarm«, also backofenwarm, aufgetragen.

Hollerküachl

Dolden von blühendem Holler (Holunder) werden leicht ausgeschüttelt, damit keine Käfer mehr drin sind – es soll ja eine Mehl- und keine Fleischspeise werden. Man bereitet dann einen feinen Ausbackteig, der wie ein Pfannkuchenteig angerührt wird, aber statt Milch etwas Weißwein enthält. In diesen Teig taucht man die Hollerdolden und setzt sie hierauf in siedendes Schmalz. Wenn sie goldbraun ausgebacken sind, werden die Küachl mit Zucker oder Zimt-Zucker überstreut und heiß serviert. Eine feine Sache! Man kann das gleiche übrigens auch mit reifen Hollerberln (Holunderbeeren) machen. Vielleicht sitzt dann der Schatz neben der guten Köchin, denn es heißt:

Hollerblüa und Hollerbirl
schenken Zauberkräfte.
Aus ihnen macht die Annamirl
ihre Liebessäfte.

Sie schaun zwar aus wie Kücherl
und sie schmecken fein.
Das weiß ja auch der Micherl
und fällt prompt drauf rein.

Aprikosenküachl

Große Aprikosen werden halbiert und mit etwas Zucker und Rum mariniert. Man taucht sie in einen Ausbackteig aus 140 g Mehl, 2 Eßlöffeln Olivenöl, etwas Salz, ein wenig Weißwein und 2 steifen Eischnee. Dann bäckt man sie goldgelb und bringt sie mit Zucker oder Vanillinzucker bestreut zu Tisch.

Fufzgerl

Sie heißen vielleicht so, weil sie möglicherweise in irgendwelchen vergangenen guten Zeiten insgesamt nur ein Fufzgerl (eine halbe Mark) gekostet haben. Es handelt sich um Backpulver-Nudeln, die sehr schnell auf dem Tisch stehen können.
Man schlägt einen zähfesten Teig aus Mehl, Milch, 1–2 Eßlöffeln Rum, 2–3 Eiern, Salz, ein wenig Zucker und Rosinen recht gut durch und gibt an je ½ Pfund Mehl 1 ganzes Packerl Backpulver. Die mit einem Löffel abgestochenen, ins siedende Schmalz eingelegten Nudeln gehen gut doppelt so groß auf und sind rasch durchgebacken und goldbraun. Man überzuckert sie zum Schluß. Sie schmecken gut zu einer Tasse Kaffee.

Pfannaringerl

Sie sind ähnlich wie Fufzgerl. Man muß nur einen festeren Teig aus den gleichen Zutaten machen, der sich dick auswalgen läßt. Dann wird er mit einem Weinglas rund ausgestochen. Man bohrt den Finger in der Mitte durch, drahdelt (dreht) ein bisserl und bäckt die Ringerl in der Pfanne mit siedendem Schmalz schnell aus. Zuletzt überzuckert man sie noch.

Feine Apfelküachl

In einen Ausbackteig aus 125 g Mehl, 1–2 Eßlöffeln Öl, ½ Glas Bier, einigen Eßlöffeln Milch und etwas Salz taucht man dicke, gezuckerte und mit Rum beträufelte Apfelscheiben und bäckt sie in heißem Schmalz goldgelb. Man spickt sie dicht mit Mandelsplittern, zuckert sie und reicht ein mit Rum abgeschmecktes dickes und heißes Aprikosenmark oder Aprikosenmarmelade dazu.

Bachenes Umbertumb

Umbertumb ist das ganz alte Wort für Panade, das erst übers Brot (Pan) aus Italien kam und eine Bröselkruste bedeutet, die umbertumb, also um und um das ganze Stück Fleisch oder Obst, Gemüse oder dergleichen eingehüllt hat. So gebröselt wurden allerhand Früchte und dann in Schmalz gebacken. Dazu hat man große, halbierte Zwetschgen oder Aprikosen, auch getrocknete, wenn sie saftig sind, verwendet; ebenso Apfelscheiben, Birnenschnitze, dazwischen vorgeweichte Feigen oder was sonst zur Verfügung stand. Heute kann man auch noch Bananen- und Ananasstücke dazugeben.

Das Obst wird in geschlagenem, gesüßtem Ei und dann in Semmel- oder Zwiebackbröseln gewendet und in genügend Butterschmalz in der Pfanne doppelseitig goldbraun herausgebacken. Man reicht eine Honig-Nuß-Soße dazu. Für diese wird 1 Eßlöffel Honig mit 1 Eßlöffel Butter, 1 Eßlöffel Zucker und 1 Prise Zimt geschmolzen und mit 2–3 Eßlöffeln geriebenen Haselnüssen, 1 Schnapsglas Weinbrand und etwas Muskat verrührt. Die Soße muß dick fließend sein; sie wird heiß serviert.

Bayrische Topfenspezialitäten

Wir Bayern sagen Topfen, auch wenn Quark Mode geworden ist. Topfen kommt vom guten, alten irdenen Topf, in dem die saure Milli (Milch) aufs Dickwerden gewartet hat. Er ist schon fast wie ein Indianer in ein (Sprach-)Reservat zurückgedrängt worden. Quark nämlich ist aus dem Osten eingesickert. Das Wort kommt aus dem polnischen »twarc«, das selbst wieder aus dem tartarischen »dvarog« abgeleitet ist und geronnene Milch, wahrscheinlich Stutenmilch, bedeutet. Über »tuwark« hat es sich zum Quark entwickelt und hat schon gleich gar nichts mit unserer Sprache und unseren Milchgewohnheiten zu tun. Topfen dagegen ist frühgermanischen Ursprungs und bereits 1291 schriftlich bezeugt. Im Bauernland Bayern, wo Milch und Honig fließen, ist er natürlich eine alt- und liebgewohnte Kochzutat und hat zu einer recht vielseitigen Verwendung geführt. Hier ein paar Rezepte:

Schuchsen (Bachene Topfennudeln)

Das sind längliche, zungenförmige und infolge ihres Topfengehaltes hohl auftreibende Schmalzküachl, von denen bereits in der Scheyrer-Dienstordnung vom Jahre 1500 zu lesen ist: »An sambtztag vor herren vaßnacht, den man nent den schmalzigen sambtztag, pacht man den Ehalten einzognew grossew küchel, genennt schuchssen, vnd gibt yedem Ehalten XXI. Davon essent sy dy vaßnacht, vnd werden gepachen aus sweinen smaltz, dy sullen sy am sambtztag nicht essen, aber am Sontag, Montag, Erichtag.«
Zu den Schuchsen verwendet man am besten Roggenmehl – es schmeckt am herzhaftesten –, und statt Butterschmalz nimmt man diesmal Schweineschmalz. Frischer, rahmiger Topfen wird mit Salz und so viel Mehl vermengt, daß ein zarter Teig entsteht. Nach Belieben kann man ihn mit etwas Rum oder Kirschwasser, geriebener Zitronenschale, Muskat und Vanillinzucker würzen oder auch pikant mit Muskat und Pfeffer versehen. Dann walgt man ihn dicklich aus, schneidet längliche Zungen davon und bäckt sie in heißem Fett goldgelb. Die süßen Schuchsen werden zuletzt noch überzuckert und zu heißem Kaffee serviert, die pikanten werden zu Salaten gereicht.

Topfenkrapferl

80–100 g Fett rührt man schaumig und gibt 50 g Zucker, 2 Eier und 40 g in wenig lauwarmer Milch aufgelöste Hefe dazu. Es folgen 400 g Topfen und 300 g Mehl, 3–4 Eßlöffel Rahm, 50 g Rosinen, etwas Salz und 1 Packerl Vanillinzucker. Der Teig wird geschlagen, bis er Blasen wirft und zum Gehen warmgestellt. Dann sticht man mit einem Löffel kleine Nudeln ab und bäckt sie in heißem Fett goldbraun. Die Krapferl werden mit Vanillinzucker bestreut und noch warm zum Kaffee gereicht.

Topfenzipfel

250 g Mehl, etwas saure Milch oder Topfen, 1–2 Eier, Salz und 1 Kaffeelöffel Zucker wirkt man zu einem halbfesten Nudelteig und knetet ihn sehr gut durch. Man walgt ihn dünn aus und radelt Vierecke aus. Für die Fülle rührt man 2 Löffelstiche Butter, 2 Eier, 3 Eßlöffel Zucker, Vanillinzucker und Salz schaumig und gibt geriebene Zitronenschale und 250 g Topfen dazu. Man kann das Ganze noch mit etwas Rum oder Mandelöl abschmecken. Mit dieser Masse füllt man die Teigflecke, schlägt sie übereck zusammen und drückt die Ränder fest. Dann bäckt man die Zipfel in heißem Fett goldbraun und streut Zucker darauf.

Topfenknödel

50–60 g Butter verrührt man mit 3 Eiern, etwas Salz, 1 Eßlöffel Zwetschgenwasser oder Rum, 2 Eßlöffeln Zucker, 1 Packerl Vanillinzucker, 1 Kaffeelöffel Backpulver, ungefähr 250 g Mehl und 250 g Topfen. Die Masse wird gut durchgemengt und zu gleichmäßigen Knödeln geformt. Man kocht sie in Salzwasser gar und wälzt sie in Semmelbröseln, die in Butter mit etwas Zucker goldbraun geröstet werden. Dazu gibt es einen beliebigen »Eintauch«, also eine Fruchtsoße oder frische, eingezuckerte Beeren.

Topfen-Pfannling

In einen einfachen Hefeteig gibt man etwa bis zur Hälfte Topfen oder geriebene Kartoffeln vom Vortag, läßt den Teig gut aufgehen und formt dann flache Fladen davon. Sie werden in Schmalz schwimmend ausgebacken.

Topfennudeln

Gleichviel Mehl und Topfen verknetet man mit Salz zu einem festen Teig. Daraus formt man fingerlange Würstel und brät sie in genügend Fett in der Pfanne ringsum goldbraun.

Topfenstrudel

Man macht ihn wie den Rahmstrudel (siehe Seite 114). Nur statt Äpfeln streicht man ein Gemisch aus etwas gerührter Butter, 500 g Topfen, Zucker, Weinbeerl, Zitronenschale und Mandelöl auf den ausgezogenen Strudelteig. Man kann noch entsteinte Kirschen oder Weichsel darauf streuen. Dann werden die einzelnen Strudel aufgerollt, gebuttert und im Rohr goldbraun gebacken.

Schnelle Topfentörtchen

(Originalrezept aus »Schandri«, Regensburg, 1870)

Je 200 g Topfen, Butter, Zucker und Mehl werden mit etwas Salz und Vanillinzucker zu einem glatten Teig verarbeitet. Man walgt den Teig aus, sticht kleine runde Törtchen aus und belegt sie mit Kirschen oder Zwetschgen. Sie werden auf gefettetem Blech hell gebacken. Zuletzt streut man Zucker und Mandelspäne darüber.

Topfen ist bei uns daheim,
was Quark den Andern ist.
Quark soll deshalb dorten bleim,
der Topfen sei gegrüßt!

Alte Gebildbrote

Wie schön, daß man sich wieder für die alten Gebäckformen interessiert. Waren sie ursprünglich als sinnbildliche Opfergaben von kultischer Bedeutung, so sind sie heute liebe Tradition und auch jahreszeitlicher Backspaß. Man bäckt zu Ostern gerne Hasen, zur Kirchweih Kränze, zu Weihnachten Stollen, die das Christkind versinnbildlichen sollen, und Sterne, Wotansreiter und Krippenszenen aus geschnitzten Modeln. Auch sonstige Räder und Lebensbäume, Manderl und allerlei Viecherl sind darunter und machen groß und klein Freude. Dabei sind die alten Formen nicht nur lustig, sondern oft sehr reizvoll, und das Backen wird zum fröhlichen Basteln oder gar zur kleinen Kunst. Besonders aus Hefeteig, der so schön rundlich quillt, lassen sich sehr hübsche Gebilde backen.

Als Grundlage verwendet man einen beliebigen, also einfacheren oder feineren Hefeteig mit mehr Butter, Zucker und Eiern, Rosinen, Zitronat, Orangeat und Nüssen. Der Teig muß auch genügend fest sein, damit er gut formbar ist und dann seine schöne Form behält.

Wenn man einmal angefangen hat, nach alten Vorbildern drei- und vierfach Zöpfe zu flechten, Hähne und Hennen, den Palmesel, Osterhasen und Erntekränze zu bilden, dann wird bald die ganze Familie daran teilnehmen – jedenfalls beim fröhlichen Verzehr.

Osterkranz

Gut süßer, fein abgeschlagener Hefeteig wird zu je 3 dünnen Strängen geteilt. Man flicht kleine Zöpfe, die rund gelegt und deren Enden geschickt vereint werden. Man gibt 1 gekochtes buntes Osterei in die Mitte, bäckt sie nach kurzem Gehen golden und glaciert sie mit Zuckerguß.

Lebenskreuz

Von einem gut verkneteten Hefeteig macht man 2 dicke kurze Stränge und legt ein Kreuz daraus. Die Enden rollt man ein. Das gegangene Kreuz wird mit Ei bestrichen und goldgelb gebacken.

Flechtkreuz

Je 2 dünne Stränge von einem nicht zu weichen Hefeteig flicht man ineinander zu geschlossenen Ovalen, bestreicht sie mit Ei und bäckt sie.

Radkreuz

Ausgewalten Hefeteig schneidet man zu etwa 5 cm breiten, 15–20 cm langen Streifen, gibt Marmelade in die Mitte, klappt sie der Länge nach ein, schneidet sie alle 2–3 cm ein und legt ein Kreuz davon. Es wird mit Ei bestrichen und gebacken.

Eierschnecke

Ein dicker Teigstrang wird zu einer 8 geformt, mit 2 Ostereiern versehen, mit Ei bestrichen und nach dem Gehen golden gebacken.

Wachsstöckl

Für jedes dieser Wachsstöckl formt man 4 Teigstränge, die gut handlang und am Anfang dicker sind. Man flicht einen Vierfachzopf daraus und schlägt sie so übereinander, daß der dickere Teil als Unterlage des dünneren Zopfes dient. Nach dem Gehen bestreicht man das Wachsstöckl mit Ei und bäckt es goldbraun.

Wachsstöckl

Eierschnecke

Doppelzopf

Doppelzopf

Aus dem nicht zu weichen Hefeteig macht man von etwa 2/3 einen großen und vom Rest einen dünnen Zopf, legt sie aufeinander und schließt sie zum Kranz oder Nest für Ostereier. Der gegangene Kranz wird mit Ei bestrichen, nach dem Gehen gebacken und dann mit einem Zuckerguß überzogen.

Lebensbaum

Gut verkneteter, nicht zu weicher Hefeteig wird zu verschieden großen Strängen geformt, die man sinngemäß und mit leichter Biegung aneinander drückt. Die Enden rollt man nach unten ein. Ein kleiner Teigknopf dient als eine Art Stamm.

Ofenkindl

An einen dicklichen Zopf aus feinem, aber festem Hefeteig drückt man aus zwei Teigsträngen gewundene Arme. Das gegangene Ofenkindl wird mit Ei bestrichen und gebacken.

Lebensbaum

Ostersonne

Ofenkindl

Ostersonne

Einen ziemlich festen Hefeteig, der sehr fein mit Vanillinzucker, Kardamom, Ingwer, Zitronenschale und -saft, fein gehacktem Zitronat und Weinbrand abgeschmeckt wurde, formt man zu einer Kugel und drückt oben 1 Osterei ein. Außen herum fügt man kleine Halbkreise oder spitze Ecken an, bestreicht alles mit Ei und bäckt die Sonne nach langsamem Gehen goldgelb.

Osterbrot

Gut verkneteten, gut würzigen Hefeteig legt man als buchförmiges Stück auf das Backblech und zieht die vier Ecken aus, die man leicht einrollt. Vom Teigrest macht man einen dreiteiligen Zopf, legt ihn obenauf und bestreicht alles mit Ei. Nach dem Gehen wird das hübsche Brot gebacken.

Osterhase

Osterhenne

Osterhenne

Ein fester Hefeteig wird zu einem ovalen Hennenkörper geformt. Man zieht den Kopf vorne leicht weg und setzt ihn oben an. Auch einen Birzel formt man hinten dran. Als Augen steckt man Rosinen ein, und nach dem Backen wird ein roter Papiertrichter als Schnabel angesetzt. Die Henne selber überzieht man mit Zuckerguß und setzt sie mit Eiern in ein grünes Papierwollenest.

Osterhase

Ein zarter, diesmal etwas weicherer Hefeteig wird in einer Springform gebacken. Es kann auch ein Biskuitteig sein. Man schneidet oben aus der Torte 2 Keile aus, die dann als Ohren angesetzt werden. Der Kuchen wird mit Marmelade gefüllt und auch dünn damit überzogen, damit die aufgestreuten Kokosflocken ein dichtes Fell ergeben. Mit den angesetzten Ohren und dem Rosinengesicht, dem noch feine Schnurrbarthaare aus dünn geschnittenem Orangeat aufgesetzt sind, sieht der Hase recht stramm aus.

Osterlamberl

(Originalrezept aus dem »Kochbuch der Maria Schötz«, 1863)

Man nimt 15 ganze Eier, und Milch soviel als die Eier ausmachen, etwas Weinbeer und ein wenig Salz, schlage es ein wenig ab, schmire dann eine Rein mit ein wenig Schmalz, stelle es unter beständigen Rühren auf die Platte bis der Käs zusammen geht, thut dann den Käs in einen Seiher damit das Wasser abläuft, füllt es dan in den Modl und laßt es über Nacht stehen.

Gebackenes Osterlamm

Zuerst rührt man 75 g Butter mit 200 g Zucker und 3 ganzen Eiern schaumig und würzt die Teigmasse mit 1 Packerl Vanillinzucker, ganz wenig Muskat und 1 Eßlöffel Rum oder etwas Rumaroma. Dann gibt man 300 g mit 1 Packerl Backpulver vermischtes und gesiebtes Mehl und 1/2 Tasse Milch dazu. Je nach Größe der Eier muß man etwas mehr oder weniger Milch hinzufügen; der Teig muß jedenfalls dicklich-schaumig sein. Man füllt ihn in eine sehr gut gefettete Lammform, die aber nicht ganz voll sein darf. Hierauf bäckt man das Lamm auf dem Kopf stehend bei Mittelhitze etwa 3/4 Stunden gar und schneidet es nach dem Erkalten unten glatt. Es wird, mit Zucker überpudert, in ein Nest aus grüner Papierwolle gesetzt und mit bunten Eiern umgeben. Man bindet ihm eine farbige Seidenschleife um, steckt Augen aus Rosinen hinein und verziert es zum Schluß mit einem Papierfähnchen.

Semmel contra Brötchen

Hierbei handelt es sich eigentlich um das gleiche Produkt und doch ist ein himmelweiter Unterschied. Und zudem lag – ja lag – ein weites Land dazwischen. Heute spitzen schon die Bauerndirndln von Untermitterhaselbach ihr »Goscherl«, um recht zierlich »Brötchen« anzubieten, wenn ein nichtbayrischer Deutscher die Dorfwirtschaft betritt.

Es scheint, unsere gute, alte Semmel hat bald ausgedient, dabei ist sie soviel altehrwürdiger und hat eine eigene Geschichte. Die Semmel, von lateinisch »semula« stammend, ist ein Gebäck, das Weizenboden und eine hohe Ackerkultur voraussetzt. Im kargeren Norden war weißes Backwerk selten bis unbekannt und hatte daher auch keine spezielle Bezeichnung. In den Süden dagegen, wohl südlich des Limes, hatten die Römer ihr gewohntes Weißbrot mitgebracht, und dank des Klimas konnte auch nach ihrem Abzug weiterhin Weizen angebaut und Weißbrot gebacken werden. Nördlich dieser Grenze war das schwärzere Roggenbrot, wenn nicht sogar das ärmere Mischbrot daheim. Man brauchte deshalb für ein weißes Kleingebäck auch keine eigenen Namen und hat späterhin vom großen Brot einfach das kleinere Brötchen abgeleitet. Das war eine geschichts- und phantasielose Benennung, die uns aber heute anscheinend so gefällt, daß wir uns vornehmer dünken, wenn wir Brötchen oder gar, wie die Hamburger, Rund-s-t-ücke offerieren.

Schade um unsere Semmel, die eigenständige, die geschichtsträchtige, die süddeutsche, die krachfrische, daß sie so in den großen Topf der Sprachnivellierung geworfen wird, aus dem wir »in« und »Streß«, »O. k.« und »genau«, »hit« und noch allerlei dergleichen herausgefischt haben.

Zurück zum Brot:

Die Remischen Weckerln, kurz »Römische« benannt, haben mit Rom nichts zu tun. Sie stammen (angeblich) von einem Bäcker namens Rem oder Remisch; sie bestehen aus Roggenmehl und haben Kümmel als Gewürz. Und wenn ein altes Sprichwort sagt: »Mausdreck macht noch lange keine Kümmelweckerln«, dann kann man daraus die Hochwertung dieser altbekannten Brotsorte erkennen.

Rasperln sind lang, schmal und sehr knusprig; zu ihnen paßt auch ein Mohnbelag. Daneben spielen die Laugenbrezen und der Ring, früher Bauge genannt, eine große Rolle. Die Baugen sind ein Überbleibsel aus uraltesten Zeiten, als das Brot noch Symbolgebäck war. Die Breze, vom lateinisch »bracchiolum« (die gebeugten Arme) stammend, war als Sinnbild des Toten mit gekreuzten Armen eine Grabbeilage und gleichzeitig Leichenschmaus-Gebäck. Die Bauge, von Beugen kommend, entwuchs dem gleichen Begriff.

Es gibt und gab noch mehr so gefällige Brotsorten, so bis vor einigen Jahrzehnten noch die Pfennigmuggel, vier kleine, aneinanderhängende Roggenmehlsemmeln, eine billige Brotsorte, die wir uns als Kinder leisten konnten und die uns bei großem Hunger wie Kuchen schmeckte. Heutzutage gibt es noch Fitzerl, zwei größere, zusammengewachsene Semmeln, ferner die spiralig eingekerbten Kaisersemmeln, die mit Milch angemachten Eiweckerln, die knusprigen Hörnderl, die Salzstangerl, Striezel und Mohnweckerln – sie alle umrahmt vom gut mit Kümmel, Fenchel und Anis gewürzten Hausbrot. Feinschmecker unter den Hausbrotkennern lieben besonders das Scherzl, den rindenreichen Anfang und das Ende des Laibs. Vom Scherzl spricht schon Thomas von Aquino (1225–1274), indem er Brotscherzl in Rosen »verwandelte«.

Selbstgebackenes Brot

Das häusliche Brotbacken ist wieder in Mode gekommen; man schätzt das individuell gewürzte Brot aus der eigenen Herstellung. Der Unterschied gegenüber früher ist, daß man keine großen Mengen mehr draußen im Backofen vor dem Haus bäckt und daß man deshalb auch nicht mehr wochenlang altes Brot zu essen braucht. Heute benützen wir den Knetarm der Küchenmaschine, das große Backrohr und zum Aufbewahren die Kühltruhe, wodurch es ofenfrisch bleibt.

Und nun sei aus meiner Praxis heraus, mit welcher seit Jahrzehnten dunkles, gut gewürztes Roggenbrot bei mir gebacken wird, genau geschildert, wie man es macht:

Roggenbrot

Am Abend vor dem Backen wird der Sauerteig angesetzt. Wir nehmen hierzu 1 Teller alten Teig vom vorherigen Backen. Wer neu beginnt, muß sich entweder beim Bäcker rund 1 Pfund Sauerteig kaufen, oder er setzt am Morgen vor dem Backtag etwa 250 g gekauftes Schwarzbrot an. Dieses wird grob verbröckelt oder geschnitten und mit lauwarmem Wasser bedeckt. Man rührt 2–3 Kochlöffel Roggenmehl und 20 g verkrümelte Hefe darunter und läßt die Masse nun wie einen Hefeteig bei milder Wärme gehen. Sobald Blasen hochsteigen, rührt man um, setzt neu etwas Roggenmehl und warmes Wasser zu, bis ein dicker, blasiger Teig entsteht, wie zu einem Gugelhupf, auch mengenmäßig.

Ist gekaufter Sauerteig vorhanden, so wird er mit lauwarmem Wasser angerührt und mit etwas Roggenmehl und 20 g verbröselter Hefe angesetzt. Man rührt ihn immer wieder, bis sich alle Klumpen gelöst haben und durchgesäuert sind.

Gleichzeitig bringt man 7 Pfund Roggenmehl und der besseren Bindigkeit halber 3 Pfund Weizenmehl in einer großen Schüssel in die warme Küche, damit das Mehl gut durchwärmt.

Noch am späten Abend, kurz vor dem Schlafengehen, wird der Sauerteig in eine oben ins Mehl gedrückte Mulde gegossen und mit einigen Kochlöffeln Mehl und nochmals etwa 1 l lauwarmem Wasser zusammengerührt. Die Masse muß also in der Mehlmulde wie etwa ein großer Brotlaib liegen. Die Schüssel wird möglichst warm gestellt und vor Zug geschützt, aber nicht bedeckt.

Am anderen Morgen wird der hochgegangene Sauerteig mit weiteren 5/4–1 1/2 l lauwarmem Wasser unter die ganze Mehlmenge gegeben.

Jetzt kommt das Gewürz: 5 gestrichene Eßlöffel (50 g) Salz, je 2 Eßlöffel Koriander und Fenchel und 1 Eßlöffel Kümmel. Zweckmäßig werden die drei letztgenannten Gewürze im Mixer grob zerkleinert; man kann sie aber auch im Mörser zerstoßen. Diese Mischung ist wohlausgewogen und erprobt und ergibt eine gut abgerundete Würze.

Anschließend beginnt die Hauptarbeit, das Kneten. Es ist der Schwerpunkt des Backens und läßt sich nicht ersparen, es sei denn, man hat eine Brotknetmaschine. Die Schüssel wird in der Höhe so gestellt, daß man genügend Kraft auf den Teig ausüben kann, daß man sich aber auch nicht bücken muß, sonst schmerzt der Rücken bald. Damit die Schüssel infolge des schweren, zähen Teiges nicht »wandert«, legt man 1–2 Handtücher unter. Der klebende Teig muß von jetzt an genau 1 Stunde gleichmäßig stampfend mit beiden Fäusten durchgeknetet werden, wobei er immer feiner, glatter und zäher wird, bis er sich gut von den Händen zu lösen beginnt. 1 Stunde genau, ohne auch nur 1 Minute abzuziehen. Das ist eine kräftige Gymnastik, die man auch sportlich als solche werten sollte. Vielleicht kann auch jemand den Kneter nach ½ Stunde ablösen. Wer diese Arbeit nicht machen will oder kann, muß das Brotbacken sein lassen.

Der gut geknetete Teig wird hierauf zusammengefaßt, mit einem großen Teigschaber vom Schüsselrand abgekratzt und in der Mitte erhöht, aufgetürmt und dünn mit Mehl bestäubt. Er kommt, mit einem Tuch bedeckt, in die Wärme zum Gehen. Ohne zu große Hitze soll er, auf Röste gestellt, bei genügender Wärme gehen, bis er um gut ⅓ der Menge gestiegen ist, was etwa 1½–2 Stunden Zeit braucht.

Als nächste Arbeit folgt das sogenannte Ausmachen des Teiges zu Laiben. Im Ofen mit verhältnismäßig wenig Raum kann man keine breitlaufenden Laibe backen, weil man sonst nicht die ganze Menge unterbringt. Wer dagegen einen großen speziellen Backofen hat, kann große runde oder ovale Laibe formen, sie mehlen und in der Wärme gehen lassen. Man nimmt dazu aus der Schüssel, möglichst auf einmal, mit Hilfe eines groben Schabers oder einer Schaufel die passende Menge Teig. Das lernt sich bald. Der Teigklumpen wird auf Roggenmehl rasch rund gedreht, bis er schön glatt ist.

Ohne großen Backofen muß man die Laibe in Formen geben; zweckmäßig dazu sind große schwere Kasten- oder Springformen. Sie werden mit ein wenig Fett geschmiert und gut mit Roggenmehl bestäubt. Die Formen sollen zu ⅔ voll sein. Natürlich probiert man zuerst aus, wieviele Formen in die Röhre gehen. Die angegebene Teigmenge ergibt 7–8 größere und kleinere Formen, darunter 7 Kasten- und 1 große Springform. Zur Verfügung stehen bei mir zwei untereinander angebrachte Backröhren in einem ölbeheizten großen Wirtschaftsherd.

Einen Rest Teig, etwa so groß wie knapp 1 Pfund Brot, läßt man übrig als Sauerteig für das nächste Backen. Er wird zusammengerollt und offen kühl gestellt. Der Teig taugt, selbst wenn er völlig trocknet, als Ansatz für das neue Brot; er hält sich 1–2 Monate, wenn er nicht feucht und schimmelig wird.
Anschließend müssen nun die Brotlaibe in guter Wärme – ohne ausgesprochene Hitze! – gehen. Dies dauert etwa 1 knappe Stunde. Sobald der Teig oben große Risse zeigt und um ungefähr ⅓ gestiegen und hochgewölbt ist, kommen die Brote in die gut vorgeheizte Röhre. Sie werden während des Backens gewendet und in den Röhren ausgewechselt, damit sie genügend Ober- und Unterhitze bekommen und schön goldbraun werden. Nach rund ¾ Stunden Backzeit nimmt man das Brot rasch heraus und wäscht es, das heißt, man pinselt es mit warmem Wasser naß ab, damit es seinen schönen Glanz erhält. Die gesamte Backzeit beträgt je nach Hitze und Größe der Laibe 1–1¼ Stunden.
Jetzt ist das Brot golden und klingt beim Beklopfen dumpf und hohl. Es wird aus den Formen genommen und erfüllt nun das Haus mit seinem würzigen Duft. Die Laibe werden nach dem Auskühlen in Alufolie gehüllt und in die Tiefkühltruhe gelegt.
Diese neumodischen Errungenschaften kommen uns heute sehr zugute. Früher mußte gerade auf die Vorratshaltung des Brotes größte Sorgfalt verwendet werden. Es war noch wichtigste Grundnahrung, und es hatte ja auch viel Arbeit gemacht, bis das Saatbeet für das Korn gerichtet, bis gesät, gesorgt, geerntet war, bis der Sack beim Müller, das Mehl im Backtrog lag, bis der goldbraune Brotlaib vor dem Anschneiden gesegnet werden konnte. Man hat es nicht einfach irgendwo gelagert, sondern vor Ungeziefer geschützt, trocken, luftig, ja sogar »schön« aufbewahrt und dazu oft bemalte oder geschnitzte Brothängen knapp unter der Decke der Speiskammer oder sogar eigene Brotschränke geschaffen. Wie heilig das Brot war, geht wohl am besten aus so formschönen und infolge des Luftgitters auch praktischen Möbeln hervor.

Besser a Stückl Brot im Sack
wie a Feder am Hut.

Vollkornbrot

Je ½ kg geschälte Weizen- oder Roggenkörner oder grober Schrot aus dem Reformhaus werden über Nacht knapp mit Wasser bedeckt eingeweicht. Körner werden durchgedreht. Man gibt ½ kg Roggen- und Weizenmehl, gut ½ kg Sauerteig (gekauft oder wie bei Roggenbrot beschrieben selbst angesetzt, 2 Eßlöffel Zucker, 2 Eßlöffel Salz, 4 Eßlöffel Öl, je ½ Eßlöffel grob gemixten Kümmel, Fenchel und Koriander sowie 40–50 g aufgelöste Hefe dazu. Die Masse wird mit soviel lauwarmem Wasser angeschüttet und verknetet, daß ein zähfester Teig entsteht. Er muß zugedeckt und warm gestellt 2 Stunden gehen und wird dann in leicht gefettete Kastenformen gefüllt. Nach nochmals etwa 1 Stunde Gehzeit bäckt man die Wecken bei guter Hitze 1¼–1½ Stunden. Das Brot wird in Folie verpackt tiefgekühlt.

Man kann jede Brotsorte mit Kümmel, Mohn, Koriander, Fenchel oder Sesam, aber auch mit Knoblauch, gebräunten Zwiebeln, mit Speckwürfeln oder Grieben, mit Selleriesalz und Pfeffer oder Zitronenschale würzen und gibt ihm so immer wieder einen anderen Geschmack.

Kräuterbrot

Für dieses werden 500 g Mehl erwärmt und mit einer Grube in eine Schüssel gegeben. Dann löst man 20 g Hefe mit etwas Milch und Zucker auf, gibt sie in die Mehlgrube und verrührt ein wenig Mehl damit. Während die Hefe geht, wiegt man 1 großes Büscherl Kräuter (Petersilie, Kerbel, Kresse, Schnittlauch, Lauch und Selleriegrün), reibt etwas Zwiebel und Zitronenschale und gibt alles zusammen mit gewiegtem Kümmel, ein wenig Koriander, Salz und Muskat an das Mehl. Man fügt 80–100 g zerlassenes Fett, 1–3 Eier und die notwendige Milch hinzu. Der Teig soll streng sein. Nun formt man ein längliches Brot daraus und legt kreuzweise schmale Teigstreifen darüber. Der Teig wird mit Eidotter bestrichen und nach dem Gehen goldbraun ausgebacken. Mit einem Büscherl Petersilie verziert, sieht dieses Kräuterbrot nicht nur überaus lecker aus, sondern schmeckt auch vorzüglich.

Zwiebelbrot

Wenn man an den vorgenannten Teig 2–3 aufgeschnittene und in Fett gebräunte Zwiebeln gibt, bekommt man ein aromastarkes Zwiebelbrot.

Kindbettbrot

(Originalrezept aus »Augsburger Kochbuch« von J. S. Weilerin, 1788)

Für Kindbetterinnen hat man in früheren Zeiten ein besonderes Brot gebakken, das sie schnell wieder auf die Beine gebracht hat. Hier das Originalrezept: Man nimmt 1 Vierling recht frischen Butter, eben so viel Zucker, 1 Vierling abgezogene und fein gewiegte oder gestoßene Mandeln und die Schale von einer halben Citrone klein geschnitten; macht dieses mit einem Ey, und 1 Vierling schönes weißes Mehl durcheinander; formiret lauter kleinen Fingers lange und noch einmal so dicke Wärgelein daraus, die aber hinten und vornen dünner und etwas spitzig seyn müssen; legts auf ein mit Mehl bestreutes Blech, bestreichts mit zerkleppertem Ey, schneidet oben kleine Gitter darauf, streuet sie mit Zucker, und läßts im Backofen schön gelb backen. Man kann sie auch ohne Mehl machen, aber dann nimmt man zu so vielen Zucker, Butter und Mandeln, als oben gesagt worden ist, nur ein halbes Ey, und verfertigt sie wie das vorher angezeigte.

Topfensemmeln

500 g Mehl und etwas Salz, welches mit 2 Packerln Backpulver vermischt und gesiebt wurde, verarbeitet man mit 500 g Topfen zu einem festen Teig. Nasser Topfen verlangt keine Flüssigkeit mehr; bei trockenem kommen noch 2–3 Eßlöffel Milch dazu. Daraus formt man kleine Semmeln und bäckt sie bei guter Hitze etwa 35 Minuten goldbraun. Sie schmecken frisch, noch ofenwarm, am besten.

Torten und Kuchen

Kochen, Küchen und Kuchen haben *einen* Wortstamm und gehören eng zusammen. Was wär auch eine Köchin, die keinen Kuchen backen kann? Jedenfalls, in Bayern hätte sie kein Glück! Schaut man nämlich in alte bayrische Kochbücher, so findet man schon früh allerlei Dorten, Tarten und Kipfeln, Bischkotten, Strauben, Striezel, Strudel, Krapfen, Fleck und Nudeln. Selbst zu Zeiten, als es noch gar nicht einfach war, eine gute Torte herzustellen, haben sich die Hausfrauen schon viel Mühe damit gemacht. Da mußten sie das Mehl mehrmals durchs Haarsieb geben, den Zucker zerstoßen, die Gewürze und die Mandeln in schweren Mörsern reiben, die Nüsse aufknacken, die Hutzeln kleinschneiden und dabei immer die Kohlenglut peinlich sorgfältig überwachen. Es gab ja noch kein Backrohr, sondern nur eine »Dortenpfanne aus Glockenspeis«, wie die Anna Weckerin im Jahr 1598 so aufschlußreich berichtet. Dabei handelte es sich um eine Bronzeform auf 3 Füßen mit einem flachen Deckel. Sie schreibt, daß man oben auf die Pfanne Glut und unten heiße Asche anhäufen mußte. Natürlich war die Hitzegebung auch Erfahrungssache, aber wesentlich umständlicher als heutzutage war es bestimmt. Trotzdem sind uns viele gute, alte Rezepte erhalten geblieben, die, natürlich ins Deutsche übersetzt, auch heute noch Freude machen.

Prinzregententorte

So beliebt der würdige Prinzregent Luitpold mit seinem seidigen weißen Patriarchenbart war, so geschätzt ist auch heute noch die ihm gewidmete Prinzregententorte mit ihrem dicken Schokoladeüberzug. Sie soll eine Kreation des Hofkoches Rottenhöfer gewesen sein, dessen Name noch in einer Konditorei gegenüber der Münchner Residenz weiterlebt.
Aber es muß die echte Torte und nicht irgendein Ersatz mit einer Couvertüre sein. Sie braucht ein bißchen Zeit und auch feine Zutaten, ist dafür aber auch ein Stückchen tiefster Friede aus der Zeit vor dem 14er Jahr. Nachstehend das Original-Rezept:
100 g Butter, 2 Eidotter und 100 g Zucker werden schaumig gerührt und mit 1 Tasse Milch, 175 g gesiebtem Mehl und ½ Packerl Backpulver sowie 50 g Stärkemehl vermengt. Man hebt den steifen Eischnee darunter und gießt von dieser Masse 4–5 dünne Blätter auf eine gut gefettete Springform. Sie werden nacheinander hell ausgebacken. Dann bestreicht man sie mit einer Fülle aus 125 g gerührter Butter, 125 g erwärmter Schokolade, 2 Eiern und 1 Eßlöffel Zucker. Die aufeinander gesetzte Torte wird mit einem Guß aus 150 g erwärmter Schokolade und einigen Tropfen heißem Wasser rasch überzogen. Am zweiten Tag schmeckt die Torte noch besser – falls etwas übrig geblieben ist.
Ganz ähnlich in der Zubereitungsart, aber doch im geschmacklichen Ergebnis anders und nicht weniger gut ist die

Münchner Apfeltorte

250 g Mehl, 200 g Stärkemehl und 1 Packerl Backpulver werden gemischt und auf ein Brett gesiebt. Man gibt 150 g flockig geschnittene Butter, 3 Eier, 200 g Zucker, etwas Zimt, Salz und einige Eßlöffel saure Milch dazu. Von diesem Teig bäckt man 4–5 dünne, gleichmäßige Blätter. Dann rührt man 1 l möglichst dickes Apfelmark mit Zitronensaft und 1 Glas Arrak oder 1 Fläschchen

Arrak-Aroma an und füllt damit die Kuchenblätter. Die so aufeinandergesetzte Torte wird mit einem Guß aus 150 g Puderzucker, dem Saft von ½ Zitrone und etwas Arrak überzogen. Man setzt eine Garnitur aus Zitronat und Belegfrüchten darauf. Die Torte soll erst am anderen Tag angeschnitten werden, damit sie recht saftig ist.

Oberländer Hochzeitstorte

4 Eiweiß werden mit 4 Eßlöffeln Wasser, 200 g Zucker, Vanillinzucker, etwas Muskatnuß und Salz sehr gut durchgeschlagen. Man gibt die 4 Eidotter, je 100 g Mehl und Stärkemehl sowie 2 gehäufte Kaffeelöffel Backpulver dazu. Der Teig wird in einer nur am Boden gefetteten Springform etwa 30 Minuten in der vorgehitzten Röhre bei Mittelhitze blond ausgebacken. Am andern Tag wird der Kuchen 2–3mal durchgeschnitten und mit einer Mischung aus 2 Eßlöffeln Rum und 2 Eßlöffeln Zitronensaft getränkt. Für die Fülle mischt man unter ½ l steifen Schlagrahm etwa 200 g fein geriebene Walnüsse, 3–4 Eßlöffel Zucker, ein wenig fein geriebenen, kandierten Ingwer und 1 Packerl Vanillinzucker. Die Torte wird mit einem Guß aus Puderzucker, heißem Kokosfett und Rum überzogen und mit halben Walnüssen garniert.

Datteltorte

5 Eier und 250 g Zucker werden weißschaumig gerührt. Dann gibt man 1 Packerl Vanillinzucker, Salz, Muskat, etwas Kardamom und eine Messerspitze Pulverkaffee und Kakao, 200 g geriebene Mandeln, 100 g Mehl, 1 Eßlöffel Rum und 200 g in Streifen geschnittene Datteln daran. Dieser gut vermengte Teig wird in einer gefetteten Springform 40 Minuten bei Mittelhitze ausgebacken. Man tränkt ihn noch langsam mit 2–3 Eßlöffeln Rum und überzieht ihn mit einem Guß aus 150 g Puderzucker, etwas heißem Kokosfett und Zitronensaft. Die Torte wird zuletzt noch mit Datteln garniert.

Gelbe-Rüben-Torte

5 Eidotter, 250 g Zucker und ½ Kaffeelöffel Zimt, etwas Nelken und Muskat rührt man mit 1 Prise Salz gut durch und gibt 250 g geriebene Mandeln, 250 g rohe und fein aufgeriebene Gelbe Rüben, 3 Kaffeelöffel Backpulver, 50 g Stärkemehl, etwas Zitronensaft, die geriebene Schale von ½ Zitrone, einige Tropfen Mandelöl, ½ Kaffeelöffel Kardamom und zuletzt den Eischnee dazu. Die Masse wird in einer gefetteten Springform gebacken und nach dem Erkalten mit einem Guß aus 200 g Puderzucker, etwas Zitronensaft und Rum überzogen und mit gehackten Mandeln und gehacktem Orangeat garniert.

Bröseltorte

(Originalrezept aus »Die baierische Köchin in Böhmen« von Anna Maria Neudecker, 1826)

Man nimmt ½ Pfund fein gestoßenen Zucker, ½ Pfund fein gestoßene Mandeln, ½ Pfund Butter, ½ Pfund Mehl, alles zusammen auf ein Brett, mischt Butter und Mehl gut zusammen ab, dann Zucker und Mandeln darunter; wenn alles gut untereinander gemischt ist, so nimmt man die fein geschnittene Schalen von einer Limonie, ½ Loth Zimmt, ½ Loth Gewürznägeln, den Saft von einer Limonie, und ein ganzes Ey, macht mit diesem den Teig an, daß er zusammen hält; dann treibt man ihn aus, füllt ihn mit eingemachten Weichseln oder Riebisbeeren, macht ein Gitter darauf und bäckt sie sodann in einer nicht gar zu heißen Röhre oder Tortenpfanne und ziert die Torte nach Gusto.

Butterkuchen

Im übrigen: In Bayern hat man früher allgemein nicht die, sondern der Butter gesagt. Das nimmt dem hier angegebenen Butterkuchen aber nichts von seiner Güte, im Gegenteil!

Ein zarter Hefeteig aus 250 g Mehl, 1/8 l Milch, 15 g aufgelöster Hefe, 125 g Zucker, 150 g Butter, 1 Ei, Salz, Muskat, Zitronenschale und Vanillinzucker wird nach dem Gehen flach in eine gebutterte Springform gedrückt. Man ritzt in die Oberfläche mit einem Messer einen großen Kreis und in diesen ein breites Gitter, so daß Karos entstehen, und bestreicht den Teig mit Eidotter. Darauf streut man dicht groben Hagelzucker. Der goldgelb gebackene Kuchen wird noch heiß mit weicher Butter bestrichen.

Memminger Mau (Mond)

Man sieht es ihnen heute gar nicht mehr an, den guten Memmingern, daß sie einstmals ihren Mond aus dem Stadtbrunnen herausfischen wollten, um mit seinem Gold Steuerschulden zu bezahlen. So dumm wäre das schließlich gar nicht gewesen, und wie gern tät man's heute wieder; aber Mond und Brunnen spielen leider nicht mit. Geblieben ist in Memmingen neben den Schulden der Spott und dazu der grinsende Vollmond als kupferne Kuchenform, die man mit dem nachfolgenden Teig füllt, womit der gereizte Bürgersinn wieder besänftigt wird.

125 g Butter werden mit 150 g Zucker und 3 Eidottern gut schaumig gerührt. Man gibt 1 Eßlöffel Zitronensaft, etwas Zitronenschale, 1 Prise Salz und 4 Eßlöffel Milch dazu. Dann mischt man 100 g Mehl mit 100 g Stärkemehl und 2 leicht gehäuften Kaffeelöffeln Backpulver und siebt es an die Rührmasse, die zuletzt mit dem steifen Eischnee versehen wird. Der Teig wird in eine gut gefettete Memminger-Mau-Form befüllt und bei Mittelhitze etwa 60 Minuten ausgebacken.

Derartige Formen bekommt man in verzinntem Blech und noch schöner in verzinntem Kupfer in Memmingen wie auch in großen Haushaltsgeschäften anderer Städte Bayerns zu kaufen. Aber der Memminger Mau ist eine Reise ins Allgäu wert.

Schwäbischer Apfelkuchen

Die Allgäuer Schwaben sind die Stillen im Land, pfiffig, betriebsam und mit einer ausgesprochenen Nase für's Gute begabt. Auch ihr Apfelkuchen macht äußerlich nicht viel von sich her, gewinnt aber mit jedem Bissen. Er soll schon manchem Schwabenmädel einen guten Ehemann eingetragen und manchen Ungetreuen wieder unters Joch zurückgeführt haben. Probieren Sie ihn einmal, nicht gerade im Hinblick auf das oben Gesagte, sondern nur so – und für alle Fälle!

Zuerst legt man einen feinen Mürbteig aus 280 g Mehl, 140 g Butterflöckchen, 1–2 Eiern, 125 g Zucker, 2–3 Eßlöffeln dickem Rahm, etwas Zimt und Salz mit einem hohen Rand in eine gut gefettete Springform. Darauf gibt man eine Lage Semmelbrösel und 1 kg geschälte und dünn geschnitzte Äpfel und streut 100 g Zucker, etwas geriebene Zitronenschale, eine Handvoll geröstete und gestiftelte Mandeln und 60 g Sultaninen dazwischen. Dann deckt man die Apfelschicht mit einer ausgewellten Platte vom Rest des Teiges zu, drückt noch einmal einen kleinen Rand ringsum an und gießt 80 g erwärmte Butter darüber. Zuletzt streut man 100 g Zucker und 50 g geschälte und gestiftelte Mandeln darüber. Der Kuchen wird bei Mittelhitze knapp 1 Stunde ausgebacken; er muß goldgelb und sehr knusprig sein. Man läßt den Kuchen in der Form erkalten. Mmm!

Münchner Seelenzopf

Nach uraltem, von vielen Generationen überkommenem Brauch bäckt man in München auch heute noch Seelenzöpfe, die besonders als Geschenk der »Goden« und dem »Göd« (Patin und Pate) zugedacht werden. Das Rezept für eine etwas verfeinerte Ausgabe lautet folgendermaßen:

$^3/_4$ kg Mehl wird mit 60 g zu einem Dampfl (Vorteig) angemachter Hefe, etwas lauwarmer, gesüßter Milch und Salz vermengt. Inzwischen rührt man 125 g Butter mit 2 Eiern und 125 g Zucker schaumig und gibt je 100 g sehr fein gehacktes Zitronat und Orangeat, den Saft von 1 Orange, die Schale von je $^1/_2$

Orange und Zitrone, etwas Muskat und 1 Packerl Vanillinzucker dazu. Man vereint die Massen, verknetet sie gut und formt einen lockeren, 3–4teiligen Zopf daraus. Er wird mit Ei bestrichen, mit grobem Hagelzucker überstreut und nach dem Gehen goldgelb gebacken.

Münchner Guglhupf

Eine Gugel oder Gogel ist eine Kappe oder Kapuze, wie sie Männer und Frauen im Mittelalter oft getragen haben. Daß es sich in der Hauptsache aber um den hohen Kopfputz der Frau handelte, beweist ein Liedchen aus dem Jahre 1637:

Ein wunderhohen Gogelhopf
Mit Bändtlein überzogen
Trägt sie auff jhrem stolzen Kopf
Krum hin und wider pogen.

(Wahrscheinlich: den sie hin und her biegt.)

Das Rezept für einen narrensicheren und fein gewürzten Gugelhupf stammt aus einem alten handgeschriebenen Kochbuch und lautet:

120 g Öl oder 150 Butter rührt man mit 4 Eidottern, 250 g feinem Zucker, 2 Packerln Vanillinzucker, etwas Salz, geriebener Muskatnuß und je 1 Prise Ingwerpulver und Koriander sehr schaumig. Darunter gibt man 150 g Mehl, 100 g Stärkemehl, 1/2 Packerl Backpulver, 4 Eßlöffel rohe Milch, Saft und Schale von 1/2 Zitrone und 2–3 Eßlöffel Rum. Zuletzt wird der sehr steife Schnee leicht darunter gehoben. Dann bäckt man den Gugelhupf in einer gut gebutterten Form 60 Minuten bei 175 Grad. Zuletzt wird er stark überzuckert.

Hoabadatschi (Heidelbeer-Datschi)

Der Datschi ist ein flacher, sozusagen »gedätschter«, also niedergetäschelter Kuchen, mit Obst verbacken. Das Wort klingt auch in der Kartätsche wieder. Es gibt alle nur denkbaren Datschi; sie müssen stets saftig und süß sein. »Hoaba« oder »Taubirl« genannt sind Heidelbeeren; sie eignen sich besonders gut.

Man bereitet eine Art dicken, eierreichen Pfannkuchenteig mit Eischnee und etwas Backpulver sowie Zucker und gießt ihn in eine große Reine mit reichlich und zischend heißem Schmalz. Darauf streut man eine dicke Lage Heidelbeeren (oder geviertelte Zwetschen oder Apfelwürfel) und zuckert sie ein wenig. Bei guter Hitze wird der Datschi nun fertig gebacken; jetzt erst wird er stark gezuckert und dann in Stücke geschnitten. Der Datschi ist warm eine Mehlspeise oder kalt ein Kuchen.

Augsburger Zwetschgendatschi

250 g Mehl, 50 g Stärkemehl, 150 g Butter, 80 g Zucker, 1 Ei, 1 Kaffeelöffel Backpulver, geriebene Zitronenschale und 1 geriebene kalte Kartoffel werden rasch verknetet und auf ein großes gefettetes Blech gelegt. Man gibt halbierte, eingeschnittene Zwetschgen und wenig Zucker darauf und bäckt den Kuchen bei guter Hitze rasch aus. Zuletzt streut man Zimt-Zucker und Mandelsplitter darüber. Der Zwetschgenbelag soll dicker sein als der Teig.

Kleingebäck

In so manchem alten Kochbuch, ob gedruckt oder handgeschrieben, findet man »Kleingepäck«. Wahrscheinlich soll's resch und bißfest sein das »Gepäck«. Trotzdem sind gute Sachen darunter; probieren Sie einmal.

Vielleicht macht es gerade heute wieder Spaß, altes Formgut erneut aufleben zu lassen. Wir sammeln ja auch alte Lieder, Votivtafeln, Bauernhäfen und Trachten. Um wie viel hautnäher kommt uns da alles, was man sehen, riechen, schmecken, fühlen und hören kann. Tatsächlich ist ja das Essen die einzige Tätigkeit, bei der alle fünf Sinne zugleich in Aktion treten.

Den Bayern war ja überhaupt seit je ein süßes Maul gewachsen, wie Nürnbergs Lebzelter, Münchens Striezelbäcker, die Passauer Methkocher und viele alte Kochbücher aus Regensburg und Landshut, Amberg und Lindau beweisen.

Gefüllte Brezen

Von einem Mürbteig oder einem festen Hefeteig walgt man ovale Stücke aus und legt darauf aus einem dünnen Teigstrang eine Breze, so daß die Ränder übereinstimmen. In die vertieften Zwischenräume gießt man eine halbfeste Creme aus 2–3 mit 80 g Zucker gerührten Eiern, die mit etlichen Eßlöffeln Topfen, Zitronenschale, Mandelöl und Rosinen vermengt wurden. Die Creme wird geglättet und überzuckert. Dann bäckt man die Brezen hell gar.

Weinbeißer

125 g Butter, 125 g Zucker sowie 1 Eidotter rührt man schaumig und fügt 130 g gesiebtes Mehl, 1 Packerl Mandelpudding, 2 gestrichene Kaffeelöffel Backpulver, 1 Packerl Vanillinzucker und etliche Tropfen Mandelaroma, 1 Prise Kardamom und ganz wenig Muskat hinzu. Der zarte Teig wird rasch verknetet, dünn ausgewalgt und zu langen Streifen geschnitten. Man bestreicht sie mit dem übrig behaltenen Eiweiß und bestreut sie dicht mit einem Gemisch aus 1 Eßlöffel Hagelzucker und 1–2 Eßlöffeln nicht zu fein gehackten Mandeln. Hierauf bäckt man die Weinbeißer bei mittlerer Hitze auf gefettetem Blech und legt sie noch warm über den Nudelwalger (Wellholz), damit sie eine gefällige Form bekommen.

Zuckerschnecken

500 g Mehl, 40 g aufgelöste Hefe, 75 g erwärmte Butter, 180 g Zucker, 1 Prise Salz, etwas geriebene Zitronenschale, einige Tropfen Mandelöl, 1 Packerl Vanillinzucker und 2 Eier werden mit der nötigen lauwarmen Milch zu einem zarten Teig sehr gut verknetet. Man teilt ihn in 5 Partien und läßt sie unter einem Tuch in der Wärme zugedeckt gehen. Dann wird jedes Stück dünn und

länglich ausgewalgt, mit zerlassener Butter bestrichen und dicht mit grobem Hagelzucker bestreut. Die 5 Teile werden aufeinander gelegt und zusammengerollt. Man schneidet gleichmäßige fingerdicke Scheiben davon und legt sie auf ein gefettetes Backblech. Hierauf drückt man die Scheiben wenn nötig schön rund, bestreicht sie mit verklopftem Ei und streut nochmals groben Hagelzucker darüber. Nach neuerlichem Gehen werden die Schnecken goldgelb gebacken.

Feine Butterblumen

375 g Mehl mischt man mit 1 gehäuftem Kaffeelöffel Backpulver und siebt es auf das Brett; darunter arbeitet man 250 g klein geschnittene, sehr kalte Butter und verbröselt die Masse rasch. Man fügt 200 g Zucker, 2 Eidotter, 1 Eßlöffel Arrak und 1 Prise Salz hinzu; nach Belieben kann der Teig auch noch mit etwas Kardamom und Ingwerpulver sowie mit einem Strich Muskat und 1 kleinen Prise Zimt pikant abgeschmeckt werden. Er wird sehr kalt gestellt und dann nicht zu dünn ausgewalgt. Man sticht eine einheitliche Blumenform aus, bäckt die Kekse auf leicht gefettetem Blech 10–12 Minuten bei Mittelhitze goldgelb und überstreut sie noch warm dick mit Puderzucker.

Haferflocken-Karos

150 g Butter und 200 g Zucker rührt man mit 1 Ei schön schaumig und gibt 150 g Mehl, 125 g Stärkemehl, etwas geriebene Zitronenschale, 1 Prise Salz, 1 gestrichenen Kaffeelöffel Backpulver, 200 g grob gewiegte Haferflocken und notfalls 1 Eßlöffel sauren Rahm dazu. Der zarte Teig wird ausgewalgt und zu Karos ausgestochen. Dann bäckt man sie hell aus; sie dürfen nicht zu dunkel werden, sonst werden sie bitter. Zum Schluß klebt man je 2 mit pikanter Marmelade zusammen und garniert sie gefällig mit dünnen Schokoladeguß-Schnörkeln und Stückchen von roter Belegkirsche.

Walnußbusserl

250 g Mehl werden mit 1 Kaffeelöffel Backpulver und 1 Packerl Vanillepudding vermengt. Man knetet 150 g Butter, 1 Ei, 125 g Zucker, 1 Packerl Vanillinzucker, je 1 kleine Prise Salz und Muskat, 50 g sehr fein gehacktes Orangeat, etwas geriebene Orangenschale sowie 100 g geriebene Walnüsse darunter. Dann walgt man den Teig dick aus, sticht Rundkekse daraus und bäckt sie. Man gibt je 1 dickes Häuferl rosafarbenen Zuckerguß sowie zuletzt ½ Walnuß darauf.

Schokobissen

125 g Butter, 200 g Zucker, 2 Eier, 1 Eßlöffel Rum, etliche Tropfen Mandelöl und 1 Prise Salz rührt man schaumig; dazu gibt man 100 g fein geriebene Mandeln, 100 g Stärkemehl, 200 g Mehl, 1 gehäuften Teelöffel Backpulver, 1 gehäuften Eßlöffel Kakao und 1 Packerl Vanillinzucker. Der verknetete Teig wird ausgewalgt und zu Keksen ausgestochen, die man bei Mittelhitze rasch gar bäckt. Man setzt je 2 mit einer pikanten Marmelade zusammen und bestreicht die Oberfläche mit einem Guß aus 80 g gesiebtem Puderzucker, 2 gehäuften Kaffeelöffeln Schokoladepulver, etwas heißem Wasser und einigen Tropfen Mandelöl. Zuletzt setzt man in jeden Schokobissen 1 gebrühte, geschälte und halbierte Mandel.

Anislaiberl

2 Eier, 140 g feinen Zucker, 1 Packerl Vanillinzucker und ein wenig Salz rührt man gut weißschaumig. Daran gibt man 140 g Mehl, 1 Messerspitze Backpulver und ½ Kaffeelöffel gewiegten Anis. Von dieser Masse setzt man löffelweise kleine Häuferl auf ein gewachstes Blech und läßt sie mehrere Stunden oder noch besser über Nacht stehen, damit die Laiberl kleine »Füße« bekommen und oben glatt werden. Dann bäckt man sie bei mäßiger Hitze lichtgelb.

Sprütz-Gebackenes

(Originalrezept aus »Nürnberger Kochbuch«, 1841)

Mit Eiern recht aufwendig, sonst aber ein normaler Brandteig (im übrigen auch mit der halben Menge Eier erfolgreich), ergibt dieses Rezept ein schnelles und befriedigendes Gebäck:
Eine halbe Maas Wasser, ein Viertelpfund Butter, das Gelbe von einer Zitrone auf vier Loth Zucker gerieben, nebst einem Stück Zimmt, läßt man in einem Kasserolle aufkochen, rührt drei Viertelpfunde feingesiebtes Mehl hinein und fährt damit fort, bis der Teig so steif wird, daß er sich vom Kasserolle ablöset, alsdann nimmt man solchen von dem Feuer weg und rührt, nachdem er verkühlt, nach und nach acht ganze Eyer und vier Dotter hinein. Die Masse wird in eine Spritze gefüllt, und wenn die Schmalzbutter recht heiß ist, so drückt man die Kuchen in die Runde hinein, bäckt sie schön hellgelb, legt sie auf Papier, und bestreut sie mit Zucker und Zimmt.

Aus Eiern, Zucker, Butter, Schmalz,
Rosenwasser, Vanille, Salz
und noch vielen feinen Sachen,
läßt sich leicht was Gutes machen.

Muskazinnerl

125 g Butter, 180 g Zucker, 2 Packerl Vanillinzucker und 2 Eier werden gut gerührt. Man gibt 250 g Mehl, 1/2 Beutel Backpulver, etwas Bittermandelöl, eine gute Messerspitze frischgeriebene Muskatnuß, etwas Macisblüte und Kardamom sowie 1 Kaffeelöffel Kakao darunter. Der gut verknetete Teig wird über Nacht kühl gestellt, dann ausgewalgt und zu Karos ausgestochen. Je zwei setzt man übereck mit Marmelade zusammen und zieht einen Rumguß darüber.

Umhängherzen

Ein Herzerl fürs Herzerl, wie man sie gern zum Fasching und zum Oktoberfest trägt.
250 g Honig, 125 g Zucker und 125 g Butter werden erwärmt und nach dem Auskühlen mit 500 g Mehl, 1 gehäuften Eßlöffel Kakao, 1 Packerl Lebkuchengewürz und 2 Eiern vermengt. Dann löst man 10 g Pottasche in 2 Eßlöffeln Rosenwasser oder schwarzem Kaffee auf, knetet sie unter und läßt den Teig über Nacht ruhen. Anderntags walgt man ihn aus und sticht zwei oder drei Herzen aus. Sie werden bei 200–220° im vorgeheizten Rohr 15 Minuten gebacken. Zum Schluß bemalt man sie lustig mit Zuckerguß und besteckt sie mit Mandeln, Pistazien, Bonbons und dergleichen und klebt eine lange Schleife zum Umhängen an.

Weihnachtsplatzl

Des Reiches Bienengarten um Nürnberg hat sehr früh schon eine eigene Zunft der Honigbäcker oder Lebzelter ins Leben gerufen. Ob aber die Nürnberger die Erfinder des Lebkuchens waren, steht dahin. Jedenfalls sind sie die Bewahrer der besten Rezepte gewesen, und im Lauf der Zeit wurden sie die bekanntesten Lebküchner der Erde. Ob das wohl mit dem berühmten Trichter zusammenhängt? Vom Sommer an, wenn noch die Bienen summen und den so notwendigen Honig sammeln, beginnen sie in Nürnbergs Lebküchnereien, heutzutage teils recht umfangreichen Fabrikationsbetrieben, mit dem Teigkneten und dem Schälen von Nuß und Mandel. Da duftet es dann nach Zimt und Nägelein, nach Muskaten und Kardamom, und die glitzernden Rauschgoldengel sowie Nürnbergs stolze Burg übernehmen mit allerlei sonstigem Nürnberger Tand die Schutzherrschaft über die Honigbusserl und Mandellebkuchen, die Zelten und Schnitten. Nach uralten Rezepten in überkommenen Formen gehen sie dann in alle Welt und vermitteln ein Stückchen deutschen Weihnachtszauber.

Elisen-Lebkuchen

3 Eier und 250 g Farinzucker (brauner Zucker) werden ½ Stunde gerührt; mit einer Maschine geht's schneller. Daran gibt man 250 g fein geriebene Mandeln, 50 g klein gehacktes Orangeat, 1 Kaffeelöffel Zimt, 2 flache Eßlöffel Stärkemehl und die geriebene Schale von ½ Zitrone. Die Masse wird mit einem Messer auf runde Oblaten gestrichen und über Nacht kühl gestellt. Dann bäckt man die Lebkuchen bei mäßiger Hitze 15–18 Minuten durch und überzieht sie mit einem rosa gefärbten, einem weißen und einem mit Kakao braun gefärbten Zuckerguß und überstreut sie zuletzt noch mit Buntzucker oder gehackten Nüssen.

Nürnberger Busserl

500 g Honig werden leicht erwärmt und mit 500 g gesiebtem Mehl, 8 g aufgelöstem Hirschhornsalz und 4 g Pottasche vermengt. Man drückt die Masse in einen Steintopf und stellt sie etliche Tage kühl. Dann wird der Teig wieder in der Küche angewärmt, mit 1 Packerl Lebkuchengewürz, etwas geriebener Zitronenschale, Salz, 100 g gewiegten Nüssen, 80 g gehacktem Zitronat und 50 g gehacktem Orangeat verknetet. Daraus formt man kleine Busserl (Kugeln), die bei Mittelhitze rasch goldbraun gebacken werden. Noch heiß bestreicht man sie oberflächlich mit einem Guß aus gesiebtem Puderzukker und wenig Wasser.

Münchner Honigkuchen

2 Eier, 400 g Zucker mit Vanillinzucker schaumig rühren. Es folgen 250 g zerlassener Honig, 2 Packerl Lebkuchengewürz und je 70 g Nüsse, Zitronat und Orangeat, 50 g weiche Butter sowie Saft und Schale von 1 Zitrone. Auf das Backbrett gibt man 800 g Mehl, 2 Packerl Backpulver und die Rührmasse. Der Teig wird gut verknetet, dick ausgewalgt und zu Lebkuchen ausgestochen.

Nach etwa ¼ Stunde Backzeit werden sie mit einem Guß aus 150 g Puderzucker, Zitronensaft, etwas heißem Kokosfett und Wasser überzogen und mit Nüssen oder Mandeln garniert.

Würzburger Marzipan

500 g Zucker, 4 große Eier, ganz wenig Salz und 1 Messerspitze Hirschhornsalz werden 1 Stunde ganz weißschaumig gerührt; man kann die Masse natürlich auch 10–15 Minuten in der Maschine rühren. Dann knetet man je nach Größe der Eier 500–600 g Mehl und 1 gehäuften Kaffeelöffel gestoßenen Anis darunter. Der Teig wird nach kurzem Ruhen ausgewalgt und in Holzformen gedrückt. Man stößt ihn heraus, schneidet die Ränder glatt und läßt ihn über Nacht an warmer Stelle stehen. Am nächsten Morgen wird dieses, auch »Springerle« genannte Gebäck bei sehr mäßiger Hitze ganz hell ausgebacken; es darf nicht gelb werden. Nach 2–3 Wochen wird es weich und zart wie Marzipan.

Fatschenkindl

250 g Mehl, 1 gestrichener Kaffeelöffel Backpulver, 1 Packerl Vanillepudding, 125 g Butter, 1 Ei, 80 g Zucker, etwas Salz und 1–2 Eßlöffel Zitronensaft verknetet man zu einem mürben Teig, der nach kurzem Ruhen ausgewalgt und in 8–10 cm große runde Flecke ausgestochen wird. Dann zerkleinert man 80 g Haselnüsse, bindet sie mit etwas Honig und würzt sie mit Zimt. Von dieser Masse gibt man je 1 Häuferl auf die Kekse und schlägt sie zuerst unten ein wenig und dann rechts und links so übereinander, daß eine Art Wickelkissen entsteht. Als Kopf setzt man eine geschälte, halbierte Mandel ein und klebt sie mit Zuckerguß fest. Dann verziert man die Wickelkissen mit Bändern aus schwarzem Zuckerguß und macht damit auch auf die Mandeln ein G'sichterl.

Kammerfensterl

200 g Mehl, 50 g Stärkemehl oder 1 Packerl Vanillepudding, 1 Ei, 75 g weiche Butter, 40 g Zucker, ½ Packerl Backpulver und etwas geriebene Zitronenschale verknetet man zu einem zarten Teig. Er wird ausgewalgt und zu runden Keksen ausgestochen; in die Hälfte der Kekse schneidet man ein Kreuz ein. Die ganzen Kekse werden nun dick mit Himbeer- oder Hagebuttenmarmelade bestrichen; darauf legt man je 1 eingeschnittenes Keks und schlägt die Ecken nach außen um. Die Kekse werden schön goldgelb gebacken; zum Schluß werden die Ecken mit einem Guß aus Puderzucker und Zitronensaft oder etwas Rum bestrichen.

Zitronen-Küchelchen

(Originalrezept aus »Nürnberger Kochbuch«, 1841)

Ein Pfund feines Mehl, ein halb Pfund Butter und ein halb Pfund Zucker, worauf sechs Zitronen abgerieben, werden mit zwei ganzen Eyern und zwei Eyergelb zu einem Teig angerieben, dann ausgetrieben und mit einem Ausstecher Küchelchen daraus gestochen, welche man mit Eyweiß bestreicht, und mit Zucker bestreut. Man bäckt solche bei gelindem Feuer eine Viertelstunde auf einem mit Papier belegten Blech.

Wenn bei uns die Christnacht kimmt,
riecht's nach Honig und nach Zimt,
dann gibt's Lebzelt, Birn und Kletzen
und noch schöne Zuckerbrezen.

Quitten-Leckerle

1 kg Quitten werden abgewischt und samt Schale und Kernhaus klein geschnitten. Man kocht sie, mit Wasser bedeckt, zartweich und treibt sie durch ein Sieb. Das rötliche Mark wird gewogen und mit ebensoviel Zucker so lange gekocht, bis es kräftig rot ist und klumpig vom Löffel fällt. Man muß dabei umrühren, sonst brennt das dickliche Mus an. Zuletzt gibt man gut ½ Flasche Opekta dazu und kocht das Geliermittel noch 10 Minuten ein. Die fertige Quittenmasse streicht man auf Pergamentpapier etwa 1 cm dick aus und glättet die Oberfläche. Nun wird das Mark einige Tage übertrocknet und zu Sternen oder Herzen ausgestochen. Einen Teil davon wendet man in möglichst grobem Zucker und übertrocknet die Leckerle noch leicht. Einen anderen Teil läßt man ohne diese Zuckerkruste. Man walgt 100–200 g Marzipan, das man fertig kaufen kann, ebenso dick aus, sticht gleichfalls Sterne und Herzchenformen aus, bestreicht sie mit Zitronensaft und legt sie auf die Quitten. Dann garniert man sie noch mit Haselnüssen.

Kletzenbrot

100 g Kletzen (Dörrbirnen), 100 g Dörrzwetschgen, je 50 g getrocknete Feigen, Aprikosen und Apfelringe, alles klein geschnitten, je 100 g gehackte Nüsse und Rosinen, Saft und Schale von ½ Zitrone, 1–2 Eßlöffel Rum, ½ Packerl Lebkuchengewürz und 100 g Zucker werden vermengt. Nach kurzem Quellen gibt man gut die Hälfte von 500 g frischem Brotteig, den man beim Bäcker gekauft hat, darunter. Aus der Masse formt man einen großen oder zwei kleine Laibe und schlägt sie in den restlichen Brotteig ein. Die Oberfläche wird geglättet und mit Honigwasser bestrichen. Dann stellt man die Brote zum Gehen warm und bäckt sie hierauf bei guter Hitze 1 Stunde goldbraun. Zuletzt bestreicht man sie noch heiß mit Honigwasser und garniert sie mit geschälten Mandeln, Rosinen und Streifen von Zwetschgen, die man mit Puderzuckerguß anklebt.

Gefülltes Magenbrot

Das ist eine etwas verfeinerte Abwandlung des allseits beliebten Magenbrots, das vom Oktoberfest bis Weihnachten so gern gegessen wird.

Tags vorher werden 75 g Haselnüsse und je 25 g Zitronat und Orangeat gehackt. Man gibt je 50 g Zucker, Rosinen und klein geschnittene Feigen, etwas Bittermandelöl und sauren Rahm dazu. Dann erwärmt man 100 g Honig mit 100 g Zucker, 1 Packerl Lebkuchengewürz, etwas Backaroma, Salz und Vanillinzucker und gibt 300 g Mehl und 2 Kaffeelöffel Backpulver daran. Aus dem verkneteten Teig walgt man 2 gleiche Platten aus, füllt sie mit dem Obstgemisch und bäckt sie 25 Minuten bei Mittelhitze. Zuletzt schneidet man Magenbrot-Stückerl daraus.

Alte Maße

Da wäre zunächst einmal das Loth, das 16⅔ g enthält. Der Vierling ist der vierte Teil eines größeren Gemäßes, dessen Fassungsvermögen zwischen München, Regensburg, Straubing usw. etwas schwankte. In der Küche aber bedeutete der Vierling ¼ l oder ¼ Pfund (125 g). Für das Bier war und ist der Maßkrug maßgebend und auch stellvertretend, denn »eine Maß« ist schlichtweg 1 l Bier selbst. Auch der Weitling oder Weidling, eine schräg ausladende Tonschüssel zum Aufstellen der Milch, enthält 1 l. Ein Quart ist, wie klar ersichtlich, ¼ l, auf bayrisch ein Quartl Bier, wobei 3 Quartl nach altem Gewohnheitsrecht nahezu 1 l bedeuten.
Eine originelle Küchensitte war es, daß gottesfürchtige Frauen und auch Kochbuchschreiberinnen von ehedem Zeitbegriffe beim Backen oder Kochen mit der Länge eines Vaterunsers, eines Miserere, eines Rosenkranzes oder eines Ave angaben. Wie nett, zu wissen, daß die Kochdauer einer Forelle oder eines Eies damals mit einem Gebet bemessen wurde; heute haben wir dagegen nüchterne, elektrische Zeituhren mit Signalen.

Küchengeräte von Anno dazumal

Natürlich haben unsere Ururgroßmütter noch keinen Mixer gehabt, aber schlecht waren ihre Küchen auch nicht ausgestattet. Uns tät's ja heut grausen vor soviel schwerem und sicherlich auch unhandlichem Gerät; die damaligen Hausfrauen waren aber ganz bestimmt schon glücklich mit all dem, was blinkend und blitzend in ihren Küchen stand und hing.

Da gab es hölzerne und zinnerne, kupferne und messingene Wandeln und Pfannen, Reinen und Castrolls (Kasserolen), dreifüßige Gluthafen, »glässerne Döpf« (glasierte Töpfe), Pasteten-Mödl und den Weitling, den Marmel-Mörser (Marmor oder Stein) den »Havn aus Glockenguß« (Bronzetopf), den Sechter oder Seiger (Sieb), die Muspfann und den Scherrer, den Irdenen Degel (Tiegel) und die kupferne Uraglocke (geschlossenes Kupfergefäß zum Gären der Ura = Sauerteig).

Und all das mußte mühsam geputzt werden, damit es nicht rostete oder zersprang, Grünspan ansetzte oder sich verbog, damit Ruß und Fett, Staub und Teigreste, Angebranntes und Verschimmeltes entfernt werden konnten. Ja, ja die gute alte Zeit!

Trotzdem ist es hübsch, wie Hans Sachs die Kuchl seiner Zeit – wahrscheinlich war es sogar seine eigene – besang:

Darnach in die kuechen verfüeg
Kessel, pfannen, hefen und krüeg
Drifus, pratspies gros und klein
Ein rost und bretter mus da sein
Ein wüertzpüchs und ain esichvas
Mörser und stempfel auch uber das
Ein laugenvas, laugenhaffen und zwo stüerzen
Zw fewers not ein messen sprüetzen
(= Feuerspritze aus Messing)
Ein fischpret und riebeisen
Schüesselkorb, stüertzen, spicknadel weisen
Ein hackpret, hackmesser darzw
Saltzfas, wermpfannen, senffschüssel zww
Ein fueldrichter, ein durchschlag eng
Feimlöffel und kolöffl die meng
Ein spülstant, panczerfleck darbey
Schüessel und deller allerley
Pletz klein und gros ich dir nit lewg
Schwebelzuinter und fewerzewg
Ein fewerzangen, ein ofenkuecken
Das fewerpöklein zw hin schmücken
Ein degel, plaspalck, offenror
Ein offengabel must haben vor
Kinspen und holtz zum fewer frisch
Ein pesen, strowisch und flederwisch.

Rezepte-Übersicht

Die richtige Supp'n
Grießnockerlsuppe 14
Bratknöderlsuppe (sprich Braat) 14
Hennenknödel in der Suppe 15
Backerbserlsuppe 15
Gebackene Hirnknöpf 15
Hirnwürstelsuppe 16
Schöberlsuppe 16
Leberschöberlsuppe 16
Milz-Schöberl-Suppe 17
Leberknödelsuppe 17
Fleischknöderl in der Suppe 18
Bachene-Knödel-Suppe 18
Eiergerstelsuppe 18
Falsche Maurachensuppe 18
Münchner Gründonnerstag-Suppe 19
Fastensuppe mit Brezen 19
Zwudelsuppe 20
Panadlsuppe 20
Biersuppe 20

Ein gutes Fleischerl
Münchner Kronfleisch 22
Beinfleisch 22
Tellerfleisch 22
Blanschiertes Rindfleisch 23
Saure Soße zu Rindfleisch 23
Übergossenes Siedfleisch 24
Gekochter Wadschenkel 24
Ochsenschwanz 25
Ochsengaumen 25
Geräucherte Ochsenzunge mit Portweinsoße 26
Dachauer Biflamod (Boeuf à la mode) 26
Nierenbraten 26
Gefüllte Kalbsbrust 27
Gebackene Kalbsbrust 28
Gedämpfte Kalbsvögerl 28
Kalbshaxe 28
Abbräunte Kalbsfüß 29
Rahmgulasch 29
Eingemachtes Kalbfleisch 30
Gespicktes Kalbsherz 30
Gebackener Kalbskopf 30
Saures Züngerl (Voressen) 31
Gebratene Kalbsniere 31
Kalbsbries im Schlafrock 31
Gebackenes Kitz 32
Fränkischer Lammbraten 32
Lammfleisch mit Holledauer Hopfensprossen 32

Schweinernes
Spanfakel 34
Nürnberger Schweinshaxe 34
Münchner Schweinshaxe 35
Saure Schweinshaxln in Gemüse 35
Gemeiner Schweinsbraten 35
Fränkische Schweinskoteletts 36
Jägerschnitzel 36
Leberkrone 36
Das Wammerl 37
Gefüllte Wammerlrollen 37
Saures Schweinefleisch 37
Paniertes Wammerl 38
Knöcherlsulz 38

Aus dem Hennerstall
Gefülltes Sonntagshendl 40
Hendl nach Försterart 40
Backhendl im Schlafrock 40
Gansbraten mit Maronifülle und Topfenpolsterln 41
Gefülltes Ganserl 41
Die Kirtagans (Kirchweihgans) 42
Altbayrische Gans 42
Gansjung 43
Ente mit Schwammerln 43
Indian mit Krenschaum 44
Blanget von Indian mit Beschamell 45
Das Perlhuhn 45
Tauben in Eiersoße 46

Aus Feld und Wald
Rebhühner nach Prinzregent Luitpold 48
Rebhühner in Walnußsoße 48
Rebhuhnragout mit Erbsen 49
Fasan nach Onkel Albert 49
Fasan nach Bräumeister-Art 50
Ruhpoldinger Hirschziemer 50
Rehschlegel in Blauburgunder 51
Bauernhas im Topf 51
Gefüllte Hasenschenkel 52

Süße Beilagen zum Fleisch
Gepfeffertes Apfelmus 54
Burgunder Kirschen 54
Weinäpfel mit Weichseln 54
Pomeranzensalat zu gebratenem Geflügel 54
Orangen-Kren 55
Preiselbeer-Kren 55
Apfel-Senf-Creme 55
Gebackene Ananas 55
Ingwer-Birnen 56

Bayrische Wurstologie
Die Weißwurst 58
Lyoner Gulasch 58
Leberkäs 59
Bamberger Blaue Zipfel 59
Pfälzer mit Blaukraut 60
G'schwollne oder Wollwürst in der Pfann 60
Schweinene Bratwürst 60
Die Milzwurst 61
Regensburger Wurstsalat 62

Vom Felchen bis zum Steckerlfisch
Bodensee-Felchen mit Kräuterfarce 64
Chiemsee-Renken mit Meerrettich-Nuß-Soße 64
Königssee-Saiblinge 64
Aischgründer Karpfen 65
Bavesen aus Karpfenrogen 65
Rutten in Sardellensoß 66
Gebackene Trüschenleber 66
Gespickter Donau-Huchen 67
Steckerlfisch 67
Oberammergauer Forellenauflauf 68
Würzburger Meefischle 68

Allerlei G'müas
Wirsing mit Grammeln 70
Altbayrisches Blaukraut 70
Gebratene Gelbe Rüben 70
Kohlrabi mit Bröseln 70
Gebackener Karfiol (Blumenkohl) 71
Karfiol mit Schinkenhaube 71
Grüne Bohnen 71
Grüne Fasolen 72
Lauch in Rahm 72
Glacierte Zwiebeln 72
Zwiebeleier 73
Rotes Zwiebelgemüse 73
Schwammerl 73
Schwammerl mit Knödeln 74
Gebratene Steinpilze 74
Reherl mit Eierhaber 74
Gefüllte Maronenköpfe 75
Schwammerl-Pickelsteiner 75
Pickelsteiner 75
Laubfrösche 76

Kraut und Ruam
Eine Krautdorten 78
Röstkraut mit Grammeln 78
Bierkraut 79
Krautstrudel 79
Krautknödel mit Zwiebel-Speck-Soße 79
Krautnudeln 80
Krautwickerl mit Fisch 80
Schwammerlkraut 80
Sauerkraut mit Dörrzwetschgen 81
Krautmandl 81
Bayrische Rübchen 81
Wirsinghäuferl 82
Rettichgemüse 82

Vielseitige Erdäpfel
Reichenhaller Kartoffelberg 84
Ordinäre Erdäpfel mit Zwiebeln 84
Der Kartoffelteig 84
Kartoffelnudeln 85
Hosenknöpf 85
Bruckprügel oder Hirtasteck'n 85
Schneckenhäusl 85
Kartoffelschmarrn oder Sterz 86
Erdäpfel-Käs-Pfannkuchen 86
Erdäpfelfladen 86
Fränkische Backas und Reiberdatschi 87
Holledauer Erdäpfelkas 87
Oberpfälzer Goasbradl 87
Tatschnudeln 88

Knödel – eine runde Sach'
Semmelknödel 90
Schinkenknödel 90
Gekrönte Häupter 91
Leberknödel 91
Gebackene Leber- oder Milzknödel 91
Gulaschknödel 92
Hüthes oder Fränkische Knödel 92
Grießknödel 93
Münchner Reisknödel 93
Hochzeitsknödel 94
Kartoffelknödel 94

Nockerln, Spätzle und andere Soßenschlucker
Überbackene Grießnocken 96
Große Grießnocken 96
Lebernocken 96

Kasnocken 97
Bavesen 97
Leber-Bavesen 98
Milz-Bavesen 98
Hirn-Bavesen 98
Spinat-Bavesen 98
Sterz oder Türkenwoaz (Polenta) 98
Moare Zelten 99
Spätzle 99
Kässpätzle 100
Maultaschen 100
Grammel-Maultaschen 101
Fleischdampfnudeln 101
Bauchstecherl 101
Grüner Pfannkuchen von Kräuterwerk 102
Käspfannkuchen 102
G'röste Milchnudeln 102

10 gute Soßen

Bamberger Kren 104
Haselnuß-Kren 104
Wiener Krensoße 104
Altmühltaler Lebkuchensoße 105
Brotsoße zu Wildpret 105
Saure Kapernsoße zu Braten 106
Dill-Rahm 106
Saure Rahmsoße mit Kapern 106

Mehlspeisen zum Sattessen

Dampfnudeln (Aufgegangene Nudeln) 108
Rohrnudeln und Zwetschgennudeln 109
Butternudeln 109
Saure Rahmnudeln 110
Rupfhauben 111
Ofenschlupfer 111
Reindling 112
Scheiterhaufen 112
Weinstriezel 113
Zwetschgen-Bavesen 113
Reisschnitten 113
Apfelknödel 114
Altbayrisches Wickelmus 114
Münchner Rahmstrudel 114
Schmarrn 115
Kaiserschmarrn 116
Apfelschmarrn 117
Zwetschgenschmarrn 117
Ruhpoldinger Holzknecht-schmarrn 117

Für ganz G'schleckerte

Münchner Nockerln 120
Schneenockerln 120
Maronikoch (Kastanienauflauf) 120
Fürstenkoch mit Weinschodo (Weinchaudeau) 121
Beschamell- (Béchamel-) Äpfel 121
Citronenmus mit Wein 121
Bayrische Rahmsulz (Creme Bavaroise) 122
Rahmsulz im Früchtekranz 122
Kastanien-Rahm-Sulz 123
Weinsulz mit Äpfeln 123
Das Zibeben-Pfäntzl zu machen 123
Aufgebranntes Schmankelmus 124

Die narrische Kuchl
Kikeriki-Schmarrn 128
Zotterte Wabn 128
Bachene Mäus 129
Schlitzaugen 129
Ersoffene Henne 129
Regenwürmer 130
Versoffene Jungfern 130
Pfaffenkappl 130
Nackete Mandln 131
Saftige Ohrfeigen 131
Affenmund 132
B'suffenes Bier 132

Schmalzbachenes
Einfache Schmalznudeln 134
Auszog'ne Nudeln 134
Großmutters gefüllte Krapfen 135
Springnudeln 135
Fränkische Storchennester 136
Hobelscheiten 136
Gebackene Kapuzinerknödel 136
Reis- und Grießküachl 137
Würzburger Boxbeutel 137
Inntaler Kröpf 137
Gebackene Nockerln 138
Bärentatzen 138
Schmalzrosen 138
Hasenöhrl 139
Oblatenküachl 139
Baunzerl 140
Hollerküachl 140
Aprikosenküachl 141
Fufzgerl 141
Pfannaringerl 141
Feine Apfelküachl 142
Bachenes Umbertumb 142

Bayrische Topfenspezialitäten
Schuchsen (Bachene Topfennudeln) 144
Topfenkrapferl 144
Topfenzipfel 145
Topfenknödel 145
Topfen-Pfannling 145
Topfennudeln 146
Topfenstrudel 146
Schnelle Topfentörtchen 146

Alte Gebildbrote
Osterkranz 148
Lebenskreuz 148
Flechtkreuz 148
Radkreuz 148
Eierschnecke 149
Wachsstöckl 149
Doppelzopf 149
Lebensbaum 150
Ofenkindl 150
Ostersonne 150
Osterbrot 151
Osterhenne 151
Osterhase 151
Osterlamberl 152
Gebackenes Osterlamm 152

Selbstgebackenes Brot
Roggenbrot 156
Vollkornbrot 159
Kräuterbrot 159
Zwiebelbrot 160
Kindbettbrot 160
Topfensemmeln 160

Torten und Kuchen
Prinzregententorte 162
Münchner Apfeltorte 162
Oberländer Hochzeitstorte 163
Datteltorte 163
Gelbe-Rüben-Torte 164
Bröseltorte 164
Butterkuchen 164
Memminger Mau (Mond) 165
Schwäbischer Apfelkuchen 166
Münchner Seelenzopf 166
Münchner Guglhupf 167
Hoabadatschi (Heidelbeerdatschi) 168
Augsburger Zwetschgendatschi 168

Kleingebäck
Gefüllte Brezen 170
Weinbeißer 170
Zuckerschnecken 170
Feine Butterblumen 171
Haferflocken-Karos 171
Walnußbusserl 172
Schokobissen 172
Anislaiberl 172
Sprütz-Gebackenes 173
Muskazinnerl 173
Umhängherzen 174

Weihnachtsplatzl
Elisen-Lebkuchen 176
Nürnberger Busserl 176
Münchner Honigkuchen 176
Würzburger Marzipan 177
Fatschenkindl 177
Kammerfensterl 178
Zitronen-Küchelchen 178
Quitten-Leckerle 179
Kletzenbrot 179
Gefülltes Magenbrot 180

Aus is 's
und gar is 's
und schad is 's
daß 's wahr is!

Eine Auswahl aus unserem Programm

Hedwig Maria Stuber
Ich helf dir kochen
Der ewig junge Klassiker – millionenfach bewährt, zum Jubiläum komplett neu: über 2000 Rezepte zum Kochen und Backen mit vielen neuen Rezeptideen, mit 72 Seiten mehr Umfang, größerem Format, neuem Layout und neuen Fotos.
ISBN 978-3-405-17040-0

Gabriele Klinger/Christina Duve
Die 5-Elemente-Küche für jeden Tag
Die Prinzipien der Chinesischen Ernährungslehre, angewandt bei Lieblingsspeisen aus der heimischen Küche: das Rezeptbuch für jeden Tag mit einfachen, schnellen und leckeren Gerichten – ohne Vorwissen sofort nachkochbar.
ISBN 978-3-8354-0182-2

Chris Schreiber
Lazy kochen
Über 200 kreative Rezepte, inspiriert vom Besten der internationalen Küche und erstklassiger Hausmannskost – lazy nachzukochen mit einfachen Mitteln und geringem Aufwand, aber stets auf hohem Niveau; mit Gourmet-, Einkaufs- und Lazy-Tipps.
ISBN 978-3-8354-0002-3

Christa Muhle-Witt
Wild in der Küche
Das bewährte, umfassende Standardwerk – komplett aktualisiert, in größerem Format, mit neuem Layout: 325 bewährte und neue Rezepte zu 15 Wildarten; Suppen, Beilagen und Saucen; die Basics zur Küchenpraxis mit Schritt-für-Schritt-Anleitungen.
ISBN 978-3-8354-0206-5

Hedwig Maria Stuber
Ich helf dir backen
Die Back-Stube(r), der Partnerband zum Millionenseller »Ich helf dir kochen«: rund 400 Backrezepte für Süßes und Pikantes – nationale und internationale Klassiker ohne Schnickschnack, leicht nachzubacken, mit 100% Gelingsicherheit.
ISBN 978-3-8354-0064-1

Die zuverlässigen Berater

BLV Bücher bieten mehr:

- mehr Wissen
- mehr Erfahrung
- mehr Innovation
- mehr Praxisnutzen
- mehr Qualität

Denn 60 Jahre Ratgeberkompetenz sind nicht zu schlagen!

Unser Buchprogramm umfasst über 750 Titel zu den Themen

Garten · Natur · Heimtiere · Jagd · Angeln · Sport · Golf · Reiten · Alpinismus · Fitness · Gesundheit · Kochen.

Ausführliche Informationen erhalten Sie unter **www.blv.de**

Dass Sie sich gut beraten fühlen – das ist unser Ziel. Falls Sie Fragen und/oder Anregungen haben, schreiben Sie uns bitte:

BLV Buchverlag GmbH & Co. KG
Lektorat · Lothstraße 19
80797 München
Postfach 40 02 20
80702 München
Telefon 089/12 02 12-0 · Fax -121
E-mail: blv.verlag@blv.de

blv

MEHR ERLESEN!